펫헬스테라피

김옥진 · 홍선화 · 박미연 공저

동일출판사

머리말 Preface

펫헬스테라피(pet health therapy)는 반려동물인 개와 고양이의 건강 증진을 위한 테라피를 수행할 수 있는 자격을 한국동물매개심리학회에서 취득하여 수행하는 요법을 말한다.

펫헬스테라피(pet health therapy)는 반려동물인 개와 고양이의 건강 증진을 위해 실시하는 펫아로마테라피, 펫푸드테라피, 펫마사지, 펫요가, 펫뮤직테라피, 펫하이드로테라피와 같은 요법들이다. 국내외적으로 반려동물의 건강 향상과 유지를 위하여 수의학적 치료와 관리 이외에 대체요법으로 다양한 펫헬스테라피가 개발되고 적용되고 있으며, 그 효과에 대한 과학적 연구도 진행하고 있다.

국내에서도 한국동물매개심리치료학회(www.kaaap.org)가 2008년 창립되어 국내 펫헬스테라피의 학술적 지원과 자격을 갖춘 펫아로마관리사, 펫마사지사, 펫요가지도사와 같은 펫헬스테라피 전문가들을 양성하는 데 기여하고 있으며, 펫헬스테라피의 과학적 접근과 학술적 지원을 위하여 국내 유일의 동물매개치료 전공을 2008년 원광대학교 보건보완의학대학원에 신설하여 펫헬스테라피의 효과에 대한 과학적 학술활동을 수행하고 있다.

또한 지은이는 많은 노력을 기울여 2008년 국내 유일의 동물매개치료학 전공 대학원 과정을 원광대학교 보건보완의학대학원에 동물매개심리치료학과로 신설하여 펫헬스테라피전문 인력 양성에 노력을 기울이고 있다.

그 동안의 학술활동을 통하여 습득한 펫헬스테라피의 놀라운 효과와 과학적 검증 결과들을 접하면서, 지은이는 펫헬스테라피를 보다 쉽게 이해하고 활동 가이드라인을 활용할 수 있도록 펫헬스테라피를 학습하는 학생들에 도움을 드리고자 펫헬스테라피 소개와 개요를 이해할 수 있는 개론서를 계획한 바 있다.

지은이는 그 동안 반려동물에 대한 이해를 도모하고 관련 종사자들에 도움을 주고자 반려동물 관련 전문 서적을 국내에 보급하고자 노력하여, '동물행동상담학, 동일출판사(2014)', '동물질병학, 동일출판사(2015)', '애완동물학, 동일출판사(2013)', '동물해부생리학 개론, 범문에듀케이션(2014)', '동물해부생리학 워크북, 범문에듀케이션(2014)', '동물매개치료 입문, 동일출판사 (2015)', '동물공중보건학, 동일출판사(2015)', '동물매개치료와 심리상담, 동일출판사(2013)', '동물매개치료학, 동일출판사(2011)', '동물매개치료 이해와 적용, 문운

당92012)', '동물매개치료, 학지사(2007)', '동물매개심리상담사 자격 수험서, 동일출판사(2013)', '동물매개예술치료, 이담북스(2014)', '동물매개치료-CTAC 방법: 개를 활용한 중재활동 기법과 프로그램, 문운당(2015)'과 같은 교재를 저술한 바 있다.

그 동안 반려동물 관련 많은 교재를 저술하면서, 다양한 자료를 참고하고 정리하며, 저자에 따른 용어 사용의 통일성, 활동에 필요한 기본 가이드라인의 부재 등의 아쉬움이 있어왔다. 이러한 저술 활동 동안에 느꼈던 필요성들을 모아, 이번에 반려동물의 건강 향상에 도움이 되는 펫헬스테라피 지침서를 작성하고자 계획을 하였다.

본 교재는 펫헬스테라피에 관심있는 초심자와 학생들에게 기본 개요와 적용 방향을 제시해줄 수 있는 서적으로 펫헬스테라피 종사자들에 큰 도움을 줄 것으로 확신한다.

본 교재의 완성에 큰 도움을 주신 분으로 그 누구 보다 본 교재의 출판을 허락해 주시고 꼼꼼한 출간 작업으로 교재의 완성도를 높여주신 동일출판사 정창희 대표님에게 큰 감사를 드린다. 또한 본 교재의 완성을 위하여 인용 및 발췌를 허락하여 주신 여러 선배님들에게 또한 감사드린다.

본 교재가 펫헬스테라피에 대한 이해를 도모하고 관련 활동과 연구의 방향을 제시하여 줄 수 있으면 하는 바람으로 이 글을 맺을까 한다.

한국동물매개심리치료학회 회장
원광대학교 보건보완의학대학원 동물매개심리치료학과 학과장
www.kaaap.org

목 차 Contents

목 차 Contents

목 차 Contents

memo

CHAPTER 01

펫헬스테라피 개요

Introduction of Pet Health Therapy

Ⅰ. 펫헬스테라피 개념
Ⅱ. 펫헬스테라피 종류

펫헬스테라피(pet health therapy)는 **반려동물인 개와 고양이**의 건강 증진을 위한 테라피를 수행할 수 있는 자격을 한국동물매개심리학회에서 취득하여 수행하는 요법을 말한다.

펫헬스테라피 (pet health therapy)는 **반려동물인 개와 고양이**의 건강 증진을 위해 실시하는 **펫마사지, 펫요가, 펫아로마테라피, 펫뮤직테라피, 펫푸드테라피, 펫하이드로테라피**와 같은 요법들이다.

I

펫헬스테라피 개념

학습목표

1. 펫헬스테라피 정의를 알 수 있다.
2. 펫헬스테라피 용어를 비교 정리할 수 있다.

1. 펫헬스테라피 정의

펫헬스테라피(pet health therapy)는 반려동물인 개와 고양이의 건강 증진을 위한 테라피를 수행할 수 있는 자격을 한국동물매개심리학회에서 취득하여 수행하는 요법을 말한다.

펫헬스테라피(pet health therapy)는 반려동물인 개와 고양이의 건강 증진을 위해 실시하는 1) 펫아로마테라피, 2) 펫푸드테라피, 3) 펫마사지, 4) 펫요가, 5) 펫뮤직테라피, 6) 펫하이드로테라피와 같은 요법들이다.

표 1-1 펫헬스테라피의 구성

- 펫아로마테라피(Pet Aroma Therapy)
- 펫푸드테라피(Pet Food Therapy)
- 펫마사지(Pet Massage)
- 펫요가(Pet Yoga)
- 펫뮤직테라피(Pet Music Therapy)
- 펫하이드로테라피(Pet Hydrotherapy)

2. 용어의 정의

펫헬스테라피(pet health therapy)는 반려동물인 개와 고양이의 건강 증진을 위한 보완대체의학적 요법들을 말한다. 구성 요법들로는 1) 펫아로마테라피, 2) 펫푸드테라피, 3) 펫마사지, 4) 펫요가, 5) 펫뮤직테라피, 6) 펫하이드로테라피가 있으며 이들에서 사용되는 용어에 대하여 미리 학습하여 숙지할 필요가 있다.

1) 아로마테라피(Aromtherapy)

아로마테라피의 역사를 보면 아주 오랜 고대로부터 중국, 이집트, 인도, 그리스 등에서 행해져 왔다.

아로마테라피라는 용어가 쓰이게 된 것은 20세기에 들어선 후의 일로 1920년대 프랑스의 과학자인 '르네 드 가트포스(Rene M. Gattefosse)'는 가족이 운영하는 향수공장에서 향수를 만들었다. 그는 향수를 만들 때 인공 향보다는 식물의 자연 추출물을 첨가했을 때 그 향수가 더 잘 팔리고 있다는 것을 깨닫고 실험을 하다가 화상을 입었다. 응급상황에서 마침 옆에 있던 라벤더 오일에 손을 담갔는데, 그 회복 속도에 놀라 에센셜 오일에 대한 연구를 하면서 그러한 명칭이 지어지게 됐다고 한다. 아로마테라피라는 용어는 화학자이자 향수 제작자인 프랑스의 '르네 모리스 가트포세'가 1928년에 처음 사용하면서 알려지게 되었다. 즉, '르네 모리스 가트포세'가 심하게 데인 손에 라벤더 오일을 발라 주자 상처가 빠르고 깨끗하게 치유되는 걸 보고 아로마테라피의 치료적 효능을 우연히 발견하였다. 그 후 1차 세계대전 중에 군인들을 대상으로 한 연구를 바탕으로 아로마테라피(1937년)란 책의 제목으로 출판되면서 현재 사용하는 아로마테라피 용어가 공식적으로 사용하게 되었다.

'르네 모리스 가트포세'의 제자였던 '마가렛 모리' 여사(Madame Marguerite Maury)는 피부재생과 노화방지에 관심을 가지고, 영국에 이러한 내용을 전하며 뷰티 아로마테라피를 널리 보급했다. 그래서 아로마테라피의 본고장으로 알려진 두 나라 중 프랑스는 메디컬 영역으로, 영국은 뷰티영역으로 각각 아로마테라피를 발전시키고 전문화 시켰다.

에센셜 오일을 더욱 발전시킨 사람은 프랑스의 의사인 쟝 발네(1964년, Dr. Jean Vallet)로, 그는 2차 세계대전 중에 부상당한 군인들에 적용하여 심리치료 효과를 크게 얻었고 이런 결과들을 '아로마테라피'란 책을 출판하면서 아로마테라피가 대중에게 알려지기 시작하였다.

건강증진, 질병예방, 미용 등을 목적으로 향기 나는 식물(Herbe)에서 추출한 100% 순수한 정유(Essential Oil)를 이용하는 자연 치료법이다.

아로마테라피(Aromatherapy)

- 프랑스어로 'aroma'의 뜻인 향기와 'therapy'의 치료가 결합된 단어다.
- 흔히 '향기 치료'라고 부르기도 한다.
- 아주 오랜 고대로부터 중국, 이집트, 인도, 그리스 등에서 행해져 왔다.
- 아로마테라피라는 용어는 화학자이자 향수 제작자인 프랑스의 '르네 모리스 가트포세'가 1928년에 처음 사용하면서 알려지게 되었다.

2) 에센셜오일(Essential oil)

허브 식물에서 추출된 오일들은 식물이 함유하고 있는 성분에 따라 고유의 효능을 가지며 대부분 저분자량의 탄수화수소, 알코올, 케론, 페놀알레이드 등으로 이루어져 있다. 또한 효능이 비슷한 에센셜 오일끼리 적절하게 혼합하면 효과가 배가되는 특성을 가지고 있다.

아로마테라피에서 사용되는 오일은 에센셜 오일을 사용한다. 에센셜오일이란 식물의 줄기나 뿌리 잎 등에서 추출한 향기가 있는 순수한 식물성 오일을 말한다. 이러한 향기(오일)들을 마사지, 목욕과 흡입법 등을 통해 우리 몸에 흡수되도록 하면서 심신의 건강에 도움을 주는 것이 아로마테라피이다.

에센셜오일(Essential oil)

- 식물의 줄기나 뿌리 잎 등에서 추출한 향기가 있는 순수한 식물성 오일

3) 아로마 향을 구분하는 3단계

향에 대한 느낌을 나타내는 것으로 발향 순서에 따라 탑노트(top note; 상향), 미들노트(middle note; 중향), 베이스노트(base note; 하향)로 구분 되는데, 액체인 오일이 향기로 퍼질 때까지의 속도와, 방향이 지속되는지를 3단계로 구분해 놓은 것이다.

아로마 향 3단계

- 탑노트, 미들노트, 베이스노트로 구분

4) 푸드테라피(Food Therapy)

푸드테라피는 음식의 Food와 치유의 Therapy의 합성어로서 자연식으로 조리된 음식을 섭취하여 음식이 가지고 있는 다양한 성질을 이용하여 건강을 증진하는 자연치유 건강법이다.

푸드테라피

- 자연식으로 조리된 음식을 이용하여 건강을 증진시키는 자연치유법

5) 요가(yoga)

요가(산스크리트어: yóga)는 힌두교의 종교적·영적 수행 방법의 하나다. 산스크리트어 요가(Yóga)의 뜻은 다양한데 제어(Control)·합일(Union)·수단(Means)·방편(Means) 등의 의미가 있다. 힌두교에서는 "요가란 실천 생활 철학에 철저함을 추구하는 것"이라고 정의하고 있다. 힌두교의 정통 육파철학 중 하나인 요가 학파의 주요 경전인 '요가 수트라'의 제일 첫머리(정확히는 두 번째 구절)에서는 요가를 "마음의 작용(心作用 · Citta-Vṛtti)의 지멸(止滅 · Nirodhaḥ)"이라고 정의하고 있다.

이와 같이 요가는 고대 인도에서 널리 행해진 종교적 실천법으로, 심신의 통일이나 훈련 등에 의하여 물질의 속박에서 자유로워지는 것을 목표로 한다. 오늘날 요가는 심신의 건강법 또는 단련법의 하나로 건강 유지를 위한 활동으로 받아들여지고 있다.

6) 음악치료(Music therapy)

음악치료자가 치료적인 상황에서 체계적으로 내담자에게 음악을 듣게 하거나 적절한 연주 행동을 하게 함으로써 개인의 신체적, 심리적, 정서적 통합과 바람직한 행동 변화를 가져오게 하는 등의 치료적 효과를 보게 하는 특수한 심리 치료법이다. 그 효과는 내담자의 기분뿐만 아니라 신체적 기능에까지도 작용하는데, 음악을 통해서 심신의 건강이 심리적 원인에 의해서 영향 받는다는 것을 이해시키고 음악의 기능을 통해 건강을 회복, 증진시키기는 것이다.

음악치료 프로그램은 개인적인 표현과 정서적 욕구를 위하여 안전한 환경과 구조를 마련한 것이어서 내담자의 고통스러운 정서를 표현하게 하고 받아 주기 위한 그릇이라 할 수 있으므로 자신을 되돌아보는 데 안정감을 가지게 하고 현실을 그대로 받아들이도록 도와준다.

7) 하이드로테라피(Hydrotherapy)

하이드로테라피(Hydrotherapy)란 물을 이용한 건강증진 및 질병치료를 이르는 말이다. 이러한 물을 이용한 질병치료가 사용된 인류의 역사는 고대로부터 시작되었다. 고대 그리스에서는 악성종양, 신경활성에 물을 사용했고 로마시대에는 황제를 비롯해 일반시민에 이르기까지 물을 이용한 치료를 널리 활용했다.

이 같은 물을 이용한 질병치료는 근대까지 이어졌으며 1950년대에 이르러 각종 질병에 물을 사용하는 것이 실제로 매우 효과적이라는 것에 구체적인 관심을 갖기 시작했다.

1960년대부터는 유럽을 중심으로 치료위주의 물 사용이 더욱 발전해 특정질병의 치료와 더불어 건강증진을 위해 물을 사용하는 하이드로테라피가 미국에서 본격적으로 발전하기 시작했다.

오늘날의 하이드로테라피는 단순히 물에 몸을 담그는 것에서 벗어나 다양한 수압 및 수류를 만드는 각종 장비를 사용한 건강증진, 의료적 처치의 병행요법, 비만완화 및 스트레스 해소에 이르기까지 광범위한 분야에 적용되고 있다.

II

펫헬스테라피 종류

학습목표

1. 펫아로마테라피, 펫푸드테라피를 이해할 수 있다.
2. 펫요가, 펫마사지에 대해 알 수 있다.
3. 펫뮤직테라피, 펫하이드로테라피를 이해할 수 있다.

1. 펫아로마테라피

1) 펫아로마테라피란?

펫아로마테라피(pet aroma therapy)는 반려동물인 개와 고양이들에게 효과가 검증된 아로마 향을 제공하여 반려동물의 건강 향상과 안정을 유도하는 요법이다.

꽃이나 나무 등 식물에서 유래하는 방향 성분(정유)을 이용하여, 반려동물에게 심신의 건강이나 심리적 안정을 증진하는 기술로 펫아로마테라피가 이용된다. 또한, 향이나 프레그랑스 캔들(향초)도 포함해 반려동물 뿐 아니라 보호자 생활에 자연의 향기를 도입해 반려동물과 보호사 둘 다의 스트레스를 해소하거나 심신을 휴식시키는 일도 포함할 수 있다.

펫아로마테라피는 펫마사지나 펫요가를 하면서 함께 수행하여 상호 시너지 효과를 얻을 수도 있다.

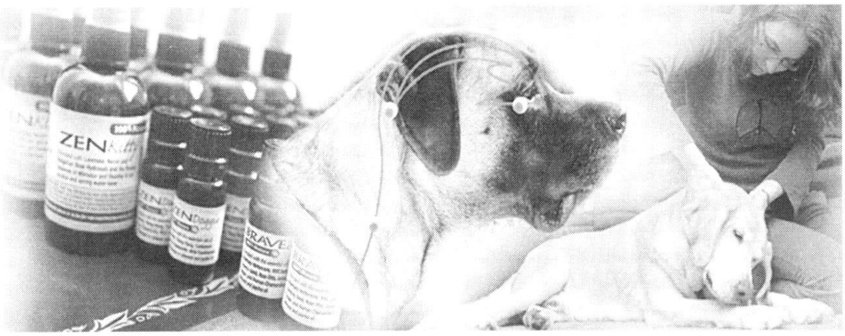

그림 1-1 펫아로마 에센셜 오일과 작용 기전

2) 펫아로마관리사

한국동물매개심리치료학회(http://www.kaaap.org/)에서 발급하는 펫아로마관리사 자격증이 민간자격 인증을 받고 발급하고 있다.

펫아로마관리사는 아로마 향을 이용한 반려동물 심리 안정 유도와 이와 연계된 관련 업종에 적용이 가능하여 향후 반려동물의 안정감 증대와 건강을 향상 시키고 보호자와 반려동물 간의 상호 교감을 향상하여 행복한 반려동물 문화 형성에 크게 기여할 수 있는 이색 직업으로 주목을 받고 있다. 아로마 향은 반려동물의 흥분 감소, 수면 유도 효과, 진정 효과를 유도할 수 있으며 보호자에게도 동일한 효과를 유도할 수 있다.

표 1-2 펫아로마관리사의 SWOT 분석

강점(Strength)	**약점**(Weakness)
• 반려동물 문제 행동 교정 보조 • 반려동물 스트레스 감소 • 반려동물 복지 향상 • 반려동물과 보호자 상호교감 증대 • 보호자 지도 교육 가능 • 펫아로마센터 운영 가능 • 펫마사지, 펫뮤직테라피와 시너지 가능 • 다양한 진로 선택 가능	• 아로마, 반려동물 생리학, 반려동물행동학, 동물질병학에 대한 다학제적 전문지식 습득 필요 • 풍부한 임상 경험 필요 • 치유효과 유도가 간접적으로 오랜 시간 필요 • 보조적 요법으로 인식되어 전문가로 특성화된 직업 창출에 노력 필요
기회(Opportunity)	**위협**(Threat)
• 반려동물 사육 인구 증가 • 대체요법에 대한 인식 증가 • 동물복지 요구 증대 • 반려동물과 보호자 상호교감 필요성 증대 • 반려동물에 대한 스트레스 감소 요구 증대 • 보호자의 반려동물 관련 학습 욕구 증대	• 펫아로마테라피 담당 역할에 대한 제도화 필요

표 1-3 펫아로마관리사의 진로

직 장	활동 내용
펫아로마테라피센터	펫아로마 시술 및 관리 책임자
동물행동상담센터	펫아로마 전문 스텝으로 펫아로마에 의한 반려동물의 심리 안정 유도
펫마사지센터	펫아로마 전문 스텝으로 펫마사지 효과에 펫아로마 시술을 병합하여 시너지 효과 유도
펫뮤직테라피센터	펫아로마 전문 스텝으로 펫뮤직테라피 효과에 펫아로마 시술을 병합하여 시너지 효과 유도
애견까페, 애견유치원	펫아로마 전문 스텝
동물병원	펫아로마 전문 스텝
유기동물보호센터	펫아로마 전문 스텝으로 유기동물의 심리 안정과 입양 희망 방문자들의 심리 안정 유도
방문관리	가정 방문하여 펫아로마 시술 및 보호자 교육
교육 강의 및 컨설팅	펫아로마에 관한 특강 및 교육 프로그램 운영. 동물병원 및 펫샵 등의 펫아로마 시설 컨설팅 업무
진학	동물매개치료 및 동물행동상담 관련 대학원 진학

펫아로마관리사란?

- 펫아로마관리사는 한국동물매개심리치료학회(http://www.kaaap.org/)에서 발급하는 펫아로마관리사 자격증을 취득한 자로서, 반려동물인 개와 고양이들에게 효과가 검증된 아로마 향을 제공하여 반려동물의 건강 향상과 안정을 유도시키며 아로마 향을 이용하여 반려동물과 보호자 둘 다의 스트레스를 해소하거나 심신을 휴식시키는 일을 설계하고 시술하는 전문가이다.
- 펫아로마테라피는 펫마사지나 펫요가, 펫뮤직테라피를 하면서 함께 병행 수행하여 시너지 효과를 얻을 수도 있다. 펫아로마테라피의 이러한 병행 용이성은 독자적인 전문센터 활동 이외에도 애견까페, 동물병원 등의 다양한 분야에서 적용이 가능하다.

- 한국동물매개심리치료학회(www.kaaap.org) -

2. 펫푸드테라피

1) 펫푸드테라피란?

펫푸드테라피(pet food therapy)는 반려동물인 개와 고양이들에게 주는 자연 식이와 음식을 통하여 반려동물의 건강을 회복하거나 증진시키는 것이다. 이미 효과가 검증된 자연 식이나 음식을 이용하여, 반려동물에게 심신의 건강을 향상시키는 기술로 펫푸드테라피가 이용된다.

펫푸드테라피에 이용되는 자연식이나 음식은 그 효과가 과학적으로 반려동물에서 입증된 것을 활용하여야 한다.

그림 1-2 펫푸드테라피 관련 서적과 원료

3. 펫요가

1) 펫요가란?

펫요가(pet yoga)는 반려동물인 개와 고양이들과 요가를 보호자가 함께 하는 것으로, 펫요가를 통하여 반려동물의 적절한 운동과 신체 재활, 적절한 자극의 제공을 통하여 반려동물의 건강 향상에 크게 기여할 수 있다.

또한, 보호자와 반려동물이 공동으로 요가 자세를 구현하게 되어 보호자의 성취감 제공과 활동 과정에 스킨십을 제공하여 반려동물들이 사람들과 사회화가 촉진되며, 공격적 성향을 갖지 않도록 하기위한 예방 효과도 유도할 수 있다.

펫요가는 반려동물들의 건강에 유익한 효과가 있을 뿐 아니라, 보호자들의 정신건강 향상과 반려동물과의 반려감 상승에도 큰 도움을 준다.

펫요가는 펫아로마테라피, 펫마사지, 펫뮤직테라피를 함께 병행 수행하여 시너지 효과를 얻을 수도 있다.

요가 자세는 여러 가지 어려운 동작을 취해야 하는 경우가 발생하여 고난이도 요가 자세는 동물학대 문제가 발생할 수 있다. 따라서 펫요가는 동물복지 가이드라인을 철저히 준수하면서 반려동물과 함께하는 즐거운 교감활동으로 수행되어야 한다.

[출처] http://www.irishdogs.ie/

그림 1-3 펫요가 클래스

2) 펫요가지도사

한국동물매개심리치료학회(http://www.kaaap.org/)에서 발급하는 펫요가지도사 자격증이 민간자격 인증을 받고 발급하고 있다.

국내의 펫요가는 향후 반려동물의 건강을 향상 시키고 보호자와 반려동물간의 행복하고 즐거운 경험을 공유하게 하여 건전한 반려동물 문화 형성에 크게 기여할 수 있는 이색 직업으로 주목을 받고 있다.

표 1-4 펫요가지도사의 SWOT 분석

강점(Strength)	약점(Weakness)
• 반려동물과 즐거운 놀이 활동 • 반려동물 스트레스 감소 • 반려동물 복지 향상 • 반려동물과 보호자 상호교감 증대 • 보호자 지도 교육 가능 • 펫요가센터 운영 가능 • 펫아로마테라피, 펫마사지, 펫뮤직테라피와 시너지 가능 • 다양한 진로 선택 가능	• 과도한 요가 자세는 동물학대로 분류됨 • 동물복지 가이드라인 준수 필요 • 요가, 반려동물 생리학, 반려동물행동학, 동물질병학에 대한 다학제적 전문지식 습득 필요 • 풍부한 임상 경험 필요 • 요가에 대한 전문 지식 필요
기회(Opportunity)	**위협**(Threat)
• 반려동물 사육 인구 증가 • 대체요법에 대한 인식 증가 • 반려동물과 보호자 상호교감 필요성 증대 • 반려동물에 대한 스트레스 감소 요구 증대 • 보호자의 반려동물 관련 학습 욕구 증대	• 펫요가지도사 담당 역할에 대한 제도화 필요

표 1-5 펫요가지도사의 진로

직 장	활동 내용
펫요가센터	펫요가 시술 및 관리 책임자
애견까페, 애견유치원	펫요가 전문 스텝
방문관리	가정 방문하여 펫요가 시술 및 보호자 교육
교육 강의 및 컨설팅	펫요가에 관한 특강 및 교육 프로그램 운영
진학	동물매개치료 및 동물행동상담 관련 대학원 진학

펫요가지도사란?

- 펫요가지도사는 한국동물매개심리치료학회(http://www.kaaap.org/)에서 발급하는 펫요가지도사 자격증을 취득한 자로서, 반려동물인 개와 고양이들과 요가를 보호자가 함께 할 수 있도록 지도하여 반려동물의 적절한 운동과 신체 재활, 적절한 자극의 제공을 할 수 있도록 프로그램을 설계하고 지도하는 전문가이다.
- 펫요가는 펫아로마테라피, 펫마사지, 펫뮤직테라피를 함께 병행 수행하여 시너지 효과를 얻을 수도 있다. 요가 자세는 여러 가지 어려운 동작을 취해야 하는 경우가 발생하여 고난이도 요가 자세는 동물학대 문제가 발생할 수 있다. 따라서 펫요가는 동물복지 가이드라인을 철저히 준수하면서 반려동물과 함께하는 즐거운 교감활동으로 수행되어야 한다.

- 한국동물매개심리치료학회(www.kaaap.org) -

4. 펫마사지

1) 펫마사지란?

펫마사지(pet massage)는 반려동물인 개와 고양이들에게 마사지를 해 주는 것으로, 펫마사지를 통하여 반려동물에게 휴식을 줄 수 있고, 스킨십을 제공하여 반려동물들이 사람들과 사회화가 촉진되며, 공격적 성향을 갖지 않도록 하기위한 예방 효과도 유도할 수 있다.

펫마사지는 아동들에게는 반려동물들의 신체에 대한 구조를 알려주며 사람과 다른 인간들이 보호해야 하는 존재임을 가르칠 수 있다. 펫마사지는 동물들의 건강에 유익한 효과가 있을 뿐 아니라, 보호자들의 정신건강 향상과 반려동물과의 반려감 상승에도 큰 도움을 준다.

펫마사지의 주의점으로 비과학적인 과도한 마사지는 반려동물 건강을 악화시킬 수 있어 반드시 동물복지 가이드라인 준수가 필요하며 동물물리치료, 반려동물 생리학, 반려동물 해부학, 동물질병학에 대한 다학제적 전문지식 습득 필요하다는 점이다. 적절한 마사지 처방을 계획하기 위하여 수의사와의 긴밀한 협력이 필요하다.

[출처] http://petprosservices.com/

그림 1-4 펫마사지 시술 장면

2) 펫마사지사

한국동물매개심리치료학회(http://www.kaaap.org/)에서 발급하는 펫마사지사 자격증이 민간자격 인증을 받고 발급하고 있다.

국내의 펫마사지는 향후 반려동물의 건강을 향상 시키고 보호자와 반려동물간의 상호 교감을 향상하여 행복한 반려동물 문화 형성에 크게 기여할 수 있는 이색 직업으로 주목을 받고 있다.

표 1-6 펫마사지사의 SWOT 분석

강점(Strength)	약점(Weakness)
• 반려동물 스트레스 감소 • 반려동물 복지 향상 • 반려동물과 보호자 상호교감 증대 • 보호자 지도 교육 가능 • 펫마사지센터 운영 가능 • 펫아로마테라피, 펫요가, 펫뮤직테라피와 시너지 가능 • 다양한 진로 선택 가능	• 비과학적인 과도한 마사지는 반려동물 건강을 악화시킬 수 있음 • 동물복지 가이드라인 준수 필요 • 동물물리치료, 반려동물 생리학, 반려동물 해부학, 동물질병학에 대한 다학제적 전문지식 습득 필요 • 풍부한 임상 경험 필요 • 펫마사지에 대한 전문 지식 필요
기회(Opportunity)	**위협**(Threat)
• 반려동물 사육 인구 증가 • 대체요법에 대한 인식 증가 • 반려동물과 보호자 상호교감 필요성 증대 • 반려동물에 대한 스트레스 감소 요구 증대 • 보호자의 반려동물 관련 학습 욕구 증대	• 펫마사지사 담당 역할에 대한 제도화 필요

표 1-7 펫마사지사의 진로

직 장	활동 내용
펫마사지센터	펫마사지 시술 및 관리 책임자
동물병원	펫마사지 전문 스텝
애견까페, 애견유치원	펫마사지 전문 스텝
방문관리	가정 방문하여 펫마사지 시술 및 보호자 교육
교육 강의 및 컨설팅	펫마사지에 관한 특강 및 교육 프로그램 운영
진학	동물매개치료 및 동물행동상담 관련 대학원 진학

펫마사지사란?

- 펫마사지사는 한국동물매개심리치료학회(http://www.kaaap.org/)에서 발급하는 펫마사지사 자격증을 취득한 자로서, 반려동물인 개와 고양이들에게 전문 마사지테라피를 시술하여 반려동물에게 휴식을 줄 수 있고, 스킨십을 제공하여 반려동물의 사회화 촉진 등을 유도할 수 있는 전문가이다.
- 펫마사지는 펫아로마테라피, 펫요가, 펫뮤직테라피를 함께 병행 수행하여 시너지 효과를 얻을 수도 있다. 펫마사지의 주의점으로 비과학적인 과도한 마사지는 반려동물 건강을 악화시킬 수 있어 반드시 동물복지 가이드라인 준수가 필요하다. 적절한 마사지 처방을 계획하기 위하여 수의사와의 긴밀한 협력이 필요하다.

\- 한국동물매개심리치료학회(www.kaaap.org) -

5. 펫뮤직테라피

1) 펫뮤직테라피란?

펫뮤직테라피(pet music therapy)는 반려동물인 개와 고양이들에게 음악을 들려주어 반려동물에게 심리적 안정과 휴식을 제공하는 요법이다.

이미 효과가 검증된 음악을 이용하여, 반려동물에게 심신의 건강이나 안정을 유도하는 기술로 펫뮤직테라피가 이용된다. 또한, 반려동물 뿐 아니라 보호자 생활에 음악을 도입해 반려동물과 보호자 둘 다의 스트레스를 해소하거나 심신을 휴식시키는 일도 포함할 수 있다.

펫뮤직테라피는 펫마사지나 펫요가, 펫아로마테라피를 하면서 함께 수행하여 상호 시너지 효과를 얻을 수도 있다.

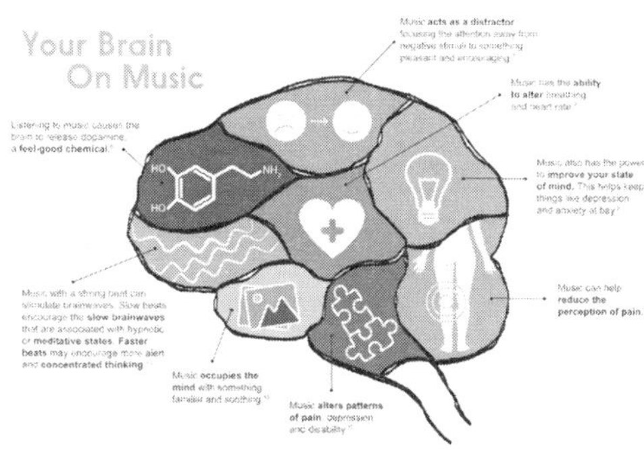

[출처] http://www.healthy-holistic-living.com/

그림 1-5 펫뮤직테라피와 작용 기전

표 1-8 펫뮤직테라피의 SWOT 분석

강점(Strength)	약점(Weakness)
• 반려동물 문제 행동 교정 보조 • 반려동물 스트레스 감소 • 반려동물 복지 향상 • 반려동물과 보호자 상호교감 증대 • 보호자 지도 교육 가능 • 펫뮤직테라피센터 운영 가능 • 펫요가, 펫마사지와 시너지 가능 • 다양한 진로 선택 가능	• 음악, 반려동물 생리학, 반려동물행동학, 동물질병학에 대한 다학제적 전문지식 습득 필요 • 풍부한 임상 경험 필요 • 치유효과 유도가 간접적으로 오랜 시간 필요 • 보조적 요법으로 인식되어 전문가로 특성화된 직업 창출에 노력 필요

기회(Opportunity)	**위협**(Threat)
• 반려동물 사육 인구 증가 • 대체요법에 대한 인식 증가 • 동물복지 요구 증대 • 반려동물과 보호자 상호교감 필요성 증대 • 반려동물에 대한 스트레스 감소 요구 증대 • 보호자의 반려동물 관련 학습 욕구 증대	• 펫뮤직테라피 담당 역할에 대한 제도화 필요

표 1-9 펫뮤직테라피 전문가(펫뮤직상담사)의 진로

직 장	활동 내용
펫뮤직테라피센터	펫뮤직테라피 시술 및 관리 책임자
동물행동상담센터	펫뮤직테라피 전문 스텝으로 펫아로마에 의한 반려동물의 심리 안정 유도
펫마사지센터	펫뮤직테라피 전문 스텝으로 펫마사지 효과에 펫아로마 시술을 병합하여 시너지 효과 유도
애견까페, 애견유치원	펫뮤직테라피 전문 스텝
동물병원	펫뮤직테라피 전문 스텝
유기동물보호센터	펫뮤직테라피 전문 스텝으로 유기동물의 심리 안정과 입양 희망 방문자들의 심리 안정 유도
방문관리	가정 방문하여 펫뮤직테라피 시술 및 보호자 교육
교육 강의 및 컨설팅	펫뮤직테라피에 관한 특강 및 교육 프로그램 운영. 동물병원 및 펫샵 등의 펫아로마 시설 컨설팅 업무
진학	동물매개치료 및 동물행동상담 관련 대학원 진학

6. 펫하이드로테라피

1) 펫하이드로테라피란?

펫하이드로테라피(pet hydrotherapy, 수치료: 水治療)는 반려동물인 개와 고양이들에게 따뜻한 스파와 같은 물을 이용하여 체내의 혈액순환 및 신진대사를 촉진하고, 발한을 통해 노폐물과 독소를 제거하여 질병을 치료하는 방법을 말한다. 또한 반려동물을 수조 안의 물에서 운동을 하게 하여 근육의 피로와 재활을 도와주는 효과도 얻을 수 있다.

펫하이드로테라피는 적절한 물의 온도 조절과 운동이 가능한 크기의 수조 및 안전 장치 등의 특수 장비와 시설이 필요하기 때문에 공간과 비용이 어느 정도 확보되어 있는 기관에서 적용이 가능하다.

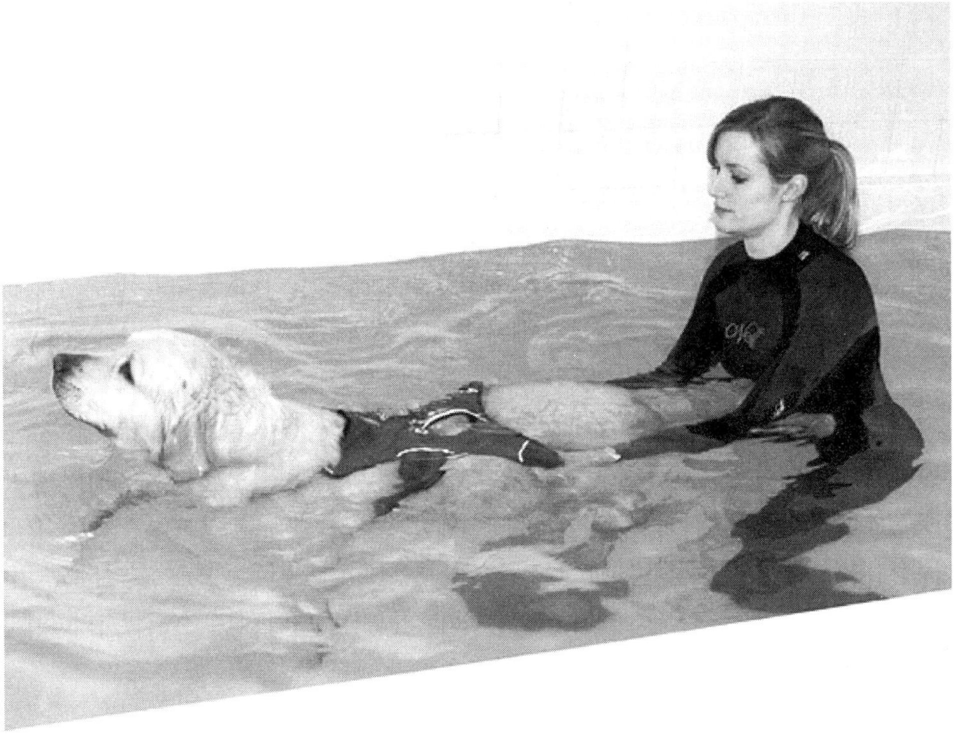

[출처] http://www.hawksmoorhydrotherapy.com/

그림 1-6 펫하이드로테라피 센터의 시술 장면

표 1-10 펫하이드로테라피의 SWOT 분석

강점(Strength)	약점(Weakness)
• 반려동물 대체요법 관심 증가 • 반려동물 복지 향상 • 반려동물과 건강 관리 관심 증가 • 펫하이드로테라피센터 운영 가능	• 동물물리치료, 반려동물 생리학, 동물질병학에 대한 다학제적 전문지식 습득 필요 • 풍부한 임상 경험 필요 • 보조적 요법으로 인식되어 전문가로 특성화된 직업 창출에 노력 필요
기회(Opportunity)	**위협(Threat)**
• 반려동물 대체요법에 대한 인식 증가 • 반려동물 사육 인구 증가 • 고령 반려동물 수의 증가	• 펫하이드로테라피 담당 역할에 대한 제도화 필요

표 1-11 펫하이드로테라피 전문가의 진로

직 장	활동 내용
펫하이드로테라피센터	펫하이드로테라피 시술 및 관리 책임자
애견까페	펫하이드로테라피 전문 스텝
동물병원	펫하이드로테라피 전문 스텝
진학	동물매개치료 및 동물행동상담 관련 대학원 진학

Q&A

◎ **아로마테라피(Aromatherapy)란?**

프랑스어로 'aroma'의 뜻인 향기와 'therapy'의 치료가 결합된 단어다.

◎ **푸드테라피(Food therapy)란?**

자연식으로 조리된 음식을 이용하여 건강을 증진시키는 자연치유법

◎ **하이드로테라피(Hydrotherapy)란?**

물을 이용한 건강증진 및 질병치료를 이르는 말이다. 오늘날의 하이드로테라피는 단순히 물에 몸을 담그는 것에서 벗어나 다양한 수압 및 수류를 만드는 각종 장비를 사용한 건강증진, 의료적 처치의 병행요법, 비만완화 및 스트레스 해소에 이르기까지 광범위한 분야에 적용되고 있다.

알아둡시다

▶ **펫하이드로테라피(pet hydrotherapy, 수치료: 水治療)란?**

반려동물인 개와 고양이들에게 따뜻한 스파와 같은 물을 이용하여 체내의 혈액순환 및 신진대사를 촉진하고, 발한을 통해 노폐물과 독소를 제거하여 질병을 치료하는 방법을 말한다. 또한 반려동물을 수조 안의 물에서 운동을 하게 하여 근육의 피로와 재활을 도와주는 효과도 얻을 수 있다.

단원 학습 정리

1. 펫헬스테라피(pet health therapy)는 반려동물인 개와 고양이의 건강 증진을 위한 보완대체의학적 요법들을 말한다.

2. 에센셜오일(Essential oil)은 식물의 줄기나 뿌리 잎 등에서 추출한 향기가 있는 순수한 식물성 오일을 말한다.

3. 요가는 고대 인도에서 널리 행해진 종교적 실천법으로, 심신의 통일이나 훈련 등에 의하여 물질의 속박에서 자유로워지는 것을 목표로 한다. 오늘날 요가는 심신의 건강법 또는 단련법의 하나로 건강 유지를 위한 활동으로 받아들여지고 있다.

4. 음악치료는 치료적인 상황에서 체계적으로 내담자에게 음악을 듣게 하거나 적절한 연주 행동을 하게 함으로써 개인의 신체적, 심리적, 정서적 통합과 바람직한 행동 변화를 가져오게 하는 등의 치료적 효과를 보게 하는 특수한 심리 치료법이다.

5. 펫아로마테라피(pet aroma therapy)는 반려동물인 개와 고양이들에게 효과가 검증된 아로마 향을 제공하여 반려동물의 건강 향상과 안정을 유도하는 요법이다.

6. 펫푸드테라피(pet food therapy)는 반려동물인 개와 고양이들에게 주는 자연 식이와 음식을 통하여 반려동물의 건강을 회복하거나 증진시키는 것이다.

7. 펫요가(pet yoga)는 반려동물인 개와 고양이들과 요가를 보호자가 함께 하는 것으로, 펫요가를 통하여 반려동물의 적절한 운동과 신체 재활, 적절한 자극의 제공을 통하여 반려동물의 건강 향상에 크게 기여할 수 있다.

8. 펫마사지(pet massage)는 반려동물인 개와 고양이들에게 마사지를 해 주는 것으로, 펫마사지를 통하여 반려동물에게 휴식을 줄 수 있고, 스킨십을 제공하여 반려동물들이 사람들과 사회화가 촉진되며, 공격적 성향을 갖지 않도록 하기위한 예방 효과도 유도할 수 있다.

9. 펫뮤직테라피(pet music therapy)는 반려동물인 개와 고양이들에게 음악을 들려주어 반려동물에게 심리적 안정과 휴식을 제공하는 요법이다.

10. 펫하이드로테라피(pet hydrotherapy, 수치료: 水治療)는 반려동물인 개와 고양이들에게 따뜻한 스파와 같은 물을 이용하여 체내의 혈액순환 및 신진대사를 촉진하고, 발한을 통해 노폐물과 독소를 제거하여 질병을 치료하는 방법을 말한다.

쉬어 가기

마사지의 과학적 효과

캐나다 맥마스터 대학의 연구진은 Science Translational Medicine에 기고한 논문에서, 마사지가 근육통을 완화시키는 메커니즘을 규명하였다고 발표하였다.

실험결과, 마사지를 받은 다리에서는 그렇지 않은 다리에 비해 PGC-1α(nuclear peroxisome proliferator activated receptor γ coactivator 1α, 미토콘드리아의 생성을 돕는 유전자)의 활성이 30%나 증가하였고, NFkB(nuclear factor κB, 염증과 관련된 유전자를 활성화시키는 유전자)의 활성이 1/3로 감소한 것으로 밝혀졌다.

그동안 종종 제기되었던 "마사지가 오랫동안 근육통의 주범으로 비난받아 왔던 젖산이나 피로한 근육에서 유래하는 노폐물을 물리적으로 제거한다"는 주장은 신빙성이 없는 것으로 밝혀졌다.

토마스 베스트 박사는 논평을 통해 "이번 연구는 지금껏 발표된 연구 중에서 마사지의 생리학적 근거를 가장 확실하게 파헤쳤다"라고 오하이오 주립대학의 토마스 베스트 박사(스포츠의학 담당 의사)는 논평했다. (베스트 박사는 동물을 대상으로 하여 마사지의 효과를 연구해 왔다.) "마사지사에 따라 마사지의 방식이 제각기 다르므로, 이번 연구결과를 100% 재연하기는 어려울 것으로 보인다. 그럼에도 불구하고 이번 연구에서 밝혀진 마사지의 효능을 부정할 수는 없다"라고 베스트 박사는 덧붙였다.

CHAPTER 02

펫아로마테라피

Pet Aroma Therapy

펫아로마테라피(pet aroma therapy)는 식물에서 추출한 에센셜 오일을 사용하여 반려동물인 개와 고양이들의 스트레스 완화, 피부건강관리, 체질개선 등의 천연 그루밍 제품을 제작하여 동물에게 치유능력을 극대화시킬 수 있는 큰 도움을 준다.

반려동물을 위한 아로마테라피는 신체적 또는 행동 문제의 전체적인 치료를 위해 사용한다. 에센셜 오일은 고농축이기 때문에 반려동물에게 사용할 경우에 동물의 몸무게,나이, 증상에 따라 사용하는 방법이 틀리기 때문에 본 챕터에서는 반려동물의 증상에따른 효과있는 펫아로마 사용방법에 대해 학습한다.

I

펫아로마테라피 개념

학습목표

1. 아로마테라피 정의와 역사를 알 수 있다.
2. 펫아로마테라피 정의를 알 수있다.

1. 아로마테라피 역사

1) 아로마테라피 역사

아로마테라피의 역사는 기원 5000년 전의 고대 이집트인으로 거슬러 올라갈 수 있다. 고대 이집트인들은 아로마테라피의 개척자로 알려져 있다. 이들은 방향성 식물에 대한 많은 지식을 가지고 있었고, 모든 에센셜 오일은 방부특성을 가지고 있어 신체의 부패 속도를 느리게 한다는 것을 알고 있었다. 3000년 이상 된 미이라를 열었을 때 미르(myrrh)와 세다우드(cedarwood) 에센셜 오일의 냄새가 붕대안에서 배어나오기도 했다.

고대 그리스인들은 이집트인들로부터 방향성 식물과 오일에 대한 많은 지식을 얻어, 병사들이 전쟁터에 나갈 때 상처 치유를 위해서 미르를 포함한 연고를 만들어서 가지고 가곤 했다.

히포크라테스는 의학의 아버지로 간주되는 그리스의 물리학자이며, 아테네의 전염병을 없애기 위해 에센셜오일을 사용하였다.

이후 많은 그리스인들이 로마인을 의사로 고용하여 그들이 가지고 있는 아로마 오일에 대한 지식을 로마인들과 공유하였다. 로마인들은 에센셜 오일을 의료적 목적으로만 사용한 것이 아니라 미용의 목적으로도 사용하였다. 목욕하기 전과 후에 향유를 사용하였으며 향수로도 사용하였다.

중세 14세기부터 17세기까지 유럽은 주기적으로 전염병이 돌아 재앙으로 여겼으며 향기가 나는 방향성 나무로 길에 모닥불을 피워서 공기를 정화하곤 하였다.

2) 현대 아로마테라피

르네 모리스는 향수산업을 운영하는 집안에서 자라난 화학자였다. 실험실에서 일하던 중 손이 화상을 입게 되자 라벤더가 들어있는 통에 손을 넣게 된다. 그리고 화상 입은 손이 수

포나 상처 없이 빠르게 치유되는 것을 발견하였다. 그는 많은 에센셜 오일들이 당시 사용되었던 화학성분의 방부제보다 더 우수한 방부제 역할을 한다는 것을 발견하였다.

1928년 "aromatherpie"라는 이름으로 사용되어 졌는데 이는 '아로마테라피'란 용어가 처음으로 사용되어진 것으로 오늘 날까지 사용되고 있다.

3) 펫아로마테라피

펫아로마테라피(pet aromatherapy)는 반려동물에게 자연의 감각을 일깨워 주고 스스로 자기 몸의 방어적 기능을 되살리고 생활환경의 유기물로 인한 감염을 막아 주도록 관리하는 것을 말한다. 또한 동물에게 사용하는 아로마는 고농축이기 때문에 동물의 몸무게, 나이, 증상에 따라 사용하는 방법이 달라야만 한다.

4) 펫아로마관리사

한국동물매개심리치료학회(http://www.kaaap.org/)에서 발급하는 '펫아로마관리사' 자격증이 민간자격 인증을 받고 발급하고 있다.

국내의 '펫아로마관리사'는 향후 반려동물의 건강을 향상 시키고 보호자와 반려동물간의 상호 교감을 향상하여 행복한 반려동물 문화 형성에 크게 기여할 수 있는 이색 직업으로 주목을 받고 있다.

표 2-1 펫아로마관리사의 진로

직 장	활동 내용
펫아로마센터	펫아로마 시술 및 관리 책임자
동물병원	펫아로마 전문 스텝
애견까페, 애견유치원	펫아로마 전문 스텝
방문관리	가정 방문하여 펫아로마테라피 시술 및 보호자 교육
교육 강의 및 컨설팅	펫아로마에 관한 특강 및 교육 프로그램 운영
진학	동물매개치료 및 동물행동상담 관련 대학원 진학

II

에센셜오일의 화학적 특성

학습목표

1. 펫아로마 에센셜오일 화학적 특성을 알 수 있다.
2. 에센셜 오일의 추출부위에 따른 효능을 알 수 있다.

1. 아로마 에센셜오일의 화학적 특성

1) 아로마 에센셜오일의 추출 부위와 추출방법

아로마 에센셜오일은 꽃 잎 과일뿐 아니라 뿌리, 줄기 그리고 식물의 다른 부분 등 식물의 모든 부위로부터 추출한다. 대부분 에센셜오일은 식물의 특정 부위로부터 추출하지만 오렌지나무의 경우 세부위로부터 서로 다른 오일을 추출한다. 추출 부위에 따른 효능과 해당 오일의 종류는 표 2-2와 같다.

표 2-2 추출 부위에 따른 오일의 종류와 효능

추출 부위	효능	오일
꽃	성기능 강화, 항우울 작용	재스민, 네롤리, 일랑일랑, 로즈 등
꽃잎	해독 작용	로즈메리, 라벤더, 페퍼민트, 바질 등
잎	호흡기 질환	티 트리, 파출리, 페티그레인, 유칼립투스 등
감귤류의 껍질	기분 전환, 원기 왕성	오렌지 스위트, 만다린, 레몬 등
열매	해독 작용, 이뇨 작용	페널, 블랙페퍼, 주니퍼 베리 등
수지	이완 작용, 호흡기 질환, 소독, 살균 작용	프랑킨센스, 몰약 등
나무	비뇨·생식기관 감염 치료	시더우드, 로즈우드, 샌들우드 등
뿌리	신경계 질환 진정 작용	베티버, 진저(생강), 안젤리카 등

아로마 에센셜 오일을 추출하는 방법으로는 증류법, 엄프라지, 솔벤트 추출법, 냉각압축법, CO_2 추출법 등이 있다. 그중에서 약 80% 정도는 증류법에 의해 추출된다. 증기와 열, 농축의 과정을 거쳐 추출하는 증류법은 추출 시간이 다소 오래 걸리고 비효율적이며, 추출 도중 산화가 일어나 오일의 성분이 변할 수 있다는 단점이 있다.

열대성 과일에서 오일을 추출할 때는 냉각압축법을 사용하며 감귤류의 오일들이 주로 이 추출법을 통해 만들어진다. 라드(lard)라는 동물성 기름을 사용해 추출하는 방법인 엄프라지는 지금은 거의 사용을 하지 않는 원시적인 방법이다. 로즈메리, 재스민처럼 질이 높은 오일을 만들기 위해서는 벤젠과 알코올 등을 이용하는 솔벤트 추출법이 사용된다.

2) 케리어 오일

에센셜 오일과 함께 희석해서 사용하는 식물성 오일은 주로 식물의 씨나 열매로부터 냉각압축법으로 추출한 제품만을 사용하며 화학적 물질이 첨가되지 않아야한다.

대부분의 케리어 오일은 냉각 압축법으로 추출하며 냉각 압축법으로 추출하기가 힘든 그레이프 씨드와 로즈 힙 오일은 예외적으로 용해 추출법으로 추출한다. 식물성 케리어 오일은 향이 없고 증발성이 없는 식용유와 같은 끈적끈적한 성분이다. 이러한 케리어 오일 자체 성분만으로 다양한 치료효과를 나타낸다.

치유적 성분의 효능을 주목적으로 식물서 오일에 허브를 담궈 열을 가하거나 햇빛에 몇주간 우러 내어 용해시킨 케리어 오일을 인퓨즈 오일이라고도 하는데 일반적으로 케리어 오일과 같은 용도이며 케리어 오일에 10~20%정도 블렌딩해서 사용한다.

3) 아로마 에센셜 오일의 효능

각각의 오일은 다양한 효능을 가지고 있고, 또 그 효능들은 여러 가지 오일에서 나타나는 특성이기도 하다. 다음은 효능별로 정리한 아로마 에센셜 오일의 종류이다.

표 2-3 효능별 아로마 에센셜 오일

효능	오일
일반적 살균 소독	유칼립투스, 라벤더, 네롤리, 파인, 로즈메리, 타임
류머티즘성 염증 억제	블랙페퍼, 캐머마일 저먼, 유칼립투스, 주니퍼 베리, 라벤터 레몬, 마조람
통증해소	블랙페퍼, 유칼립투스, 라벤더, 마조람, 로즈메리, 타임
림프 흐름 개선	페널, 그레이프프루트, 주니퍼 베리, 레몬, 오렌지 스위트, 로즈메리
정신기능 강화	바질, 페퍼민트, 로즈메리, 타임
소화기관 장애 해소	블랙페퍼, 캐머마일 로먼, 페널, 페퍼민트, 로즈메리
생리 장애 치료	캐머마일 로먼, 클라리 세이지, 제라늄, 라벤더, 로즈, 마조람

효능	오일
스트레스 해소	버거못, 캐머마일 로먼, 라벤더, 네롤리, 오렌지 스위터, 샌들우드, 일랑일랑
습진, 피부염 치료	캐머마일 로먼, 라벤더, 네롤리, 티 트리, 몰약
항박테리아 작용	티 트리, 몰약, 시더우드, 유칼립투스, 라벤더, 파출리
상처, 염증 해소	유칼립투스, 라벤더, 레몬, 프랑킨센스, 몰약, 티 트리
기침, 호흡기 질환 치료	유칼립투스, 페널, 프랑킨센스, 페퍼민트, 파인, 로즈메리, 타임
해독	사이프러스, 페널, 그레이프프루트, 주니퍼 베리, 레몬, 오렌지 스위트, 로즈메리
우울증 해소	바질, 버거못, 제라늄, 재스민, 라벤더, 네롤리, 로즈, 일랑일랑
해충 박멸	바질, 시더우드, 유칼립투스, 제라늄, 라벤더, 페퍼민트, 타임
비듬 방지	시더우드, 캐머마일 로먼, 유칼립투스, 주니퍼 베리, 라벤더, 로즈메리, 티 트리

4) 에센셜 오일의 화학적 특성

아로마 분자는 기본적으로 탄소, 수소, 산소 원자로 구성되어 있다. 그리고 그 밖에 유황화합물, 질소화합물들이 일부 포함되어 있다. 보통 한 개의 에센셜 오일에 100여 종의 아로마 분자가 있으며 분자의 수는 10~500종까지 다양하다. 식물마다 각각 다른 분자들로 결합되어 있어 저마다의 독특한 에센셜 오일들을 만들어내는 것이다.

(1) 에센셜 오일의 화학적 기능

① 테르펜 : Terpene(CH)

	작용 및 특성	해당 오일
Monoterpene (C10H16)	• 부분 진통, 방부, 경도의 거담 해소, 부신피질 자극 • 장기 사용시 피부자극 우려 • 복합성분은 limone, terpinene, canphene, myrcene, sabinene, p-cymene, phellandrene, α&β-pinene, thujene이 있다.	주니퍼 베리, 블랙페퍼, 버거못, 코리앤더, 오렌지 스위트, 레몬, 페널, 네롤리, 페퍼민트, 파인, 사이프러스, 유칼립투스, 로즈메리, 마조람, 시너먼(계피)
Sesquiterpene (C15H24)	• 항염증, 항바이러스 작용 • 뿌리나 나무에서 증류법으로 추출하거나 국화과의 식물에서 추출한다. • 복합성분은 caryophyllen, farnesol crose, bisabolol, valeranon, santalol, zingiberol, veriteron, veitiveral, carotol, spikenard	캐머마일 로먼, 캐머마일 저먼, 라벤더, 클라리 세이지, 시너먼, 시더우드, 주니퍼 베리
Diterpene	에센셜 오일에는 드물게 함유되어 있다.	

테르펜에는 그 밖에 C_3O(식물성 스테로이드), C_4O(호르몬)과 같은 분자가 있으나 분자량이 커서 증기로 발산되기 어렵다.

② 페놀 : Pheneol(-OR)

작용 및 특성	해당 오일
• 고도의 항감염제, 흥분 효과, 박테리아 살균, 면역 조절작용 • 고농도로 장시간 사용시 피부 자극, 점막 및 간 손상 우려 • 복합성분으로는 carvacrol, thymol, eugenol, gaiacol, chavicol, australol이 있다.	클로브 버드, 세이보리,타임, 시너먼, 블랙페퍼 등

③ 알코올 : Alcohol(-OH)

작용 및 특성	해당 오일
• 강장, 흥분, 항박테리아, 항바이러스 작용 • 자극성이 없어 사용하기에 안전함 • 복합성분으로 geraniol, menthol, a-terpineol-4, sabinol, linalol(linalool), thyanol 등이 있으며, 모노 테르펜 성분으로는 cinalol, geraniol. nerol, a-terpineol, cuminol, carveol, borneol, pinocarveol,sabinol, mentol이 있다. • 알코올 그룹 중 sesquiterpen 분자는 항염증, 면역반응 촉진 작용을 한다.	제라늄, 로즈우드, 로즈, 티 트리

④ 케톤 : Ketone(-COR)

작용 및 특성	해당 오일
• 거담, 상처 치유, 지방 분해 작용 • 고도의 thujone 성분은 독성이 강함, 대량 사용시 신경독성 유발, 지속적 반복 사용시 부작용 우려, 불규칙적으로 가끔씩 사용 • 복합성분으로 thujone, carvone, menthrone, atlantone, vetivone, pino cam phone, piperitone, cryptone verbe-none, jasmone, fenchone, pulegone이 있다.	클라리 세이지, 히솝, 시너먼, 로즈메리, 페퍼민트, 재스민, 페널, 유칼립투스, 프랑킨센스

⑤ 에스테르 : Ester(-COOR)

작용 및 특성	해당 오일
• 이완, 진정 효과, 항균 작용 • 에스테르가 함유된 오일은 향기가 매우 좋다. • 모든 에센셜 오일의 화학성분 중 가장 균형 잡힌 성분이며, 산(acid)와 알코올의 반응으로 만들어지는 물질이다. • 복합성분으로는 linalyl acetate, neryl acetate, geranyl acetate, bornyl acetate, acetate 등이 있다.	라벤더, 버거못, 클라리 세이지, 일랑일랑, 마조람, 캐머마일 로먼

약리 작용을 하는 그 밖의 성분으로 쿠마린(coumarine), 에시드(acid), 옥시드(oxide), 알데히드(aldehyde), 에테르(ether)등이 있다.

5) 반려동물의 에센셜 오일 흡수 경로

에센셜 오일은 기체상태로 호흡기를 통해 흡입되거나 액체 상태에서 피부를 통해 흡수된다. 개의 경우 사람보다 100만 배 뛰어난 후각을 가지고 있어 사람에게 적용되는 아로마보다 빠른 반응 속도를 보여준다. 반려동물의 에센셜 오일 흡수 경로로 후각을 통한 흡수와 피부를 통한 흡수 경로가 있다. 동물은 기본적으로 사람과 다른 구조를 지니고 있다. 사람과의 차이점을 바탕으로 아로마테라피의 적용 시 주의점은 아래와 같다.

- 사람보다 얇은 표피를 가지고 있어 흡수력이 빠르다.
- 중성의 산도를 가지고 있어 사람의 피부보다 외부의 침입에 약하다.

흡수력이 빠른 동물은 사람에게 적용하는 아로마테라피보다 좀 더 섬세하고 조심스러울 필요가 있다.

피부를 통한 에센셜 오일의 흡수 경로

에센셜오일 → 표피 → 진피 → 피하조직 → 혈관 → 기관 및 조직

아로마테라피는 피부뿐만 아니라 기관과 조직까지 흡수되어 영향을 미치기 때문에 근본적으로 세포와 기관에 건강함을 주며 비폭력적인 방법으로 안전하게 케어가 가능하다.

표 2-4 사람과 반려동물의 피부조직 차이점

구분	반려동물	사람
표피	3~5겹으로 얇다.	10겹 이상으로 두껍다.
피지선	표피에 위치하고 있다.	진피에 위치하고 있다.
땀샘	전신이 아닌 발바닥에만 있다.	전신에 있다.
산도	pH 7.5 정도로 중성	pH 5 정도의 산성

6) 외부환경에 따른 흡수의 변화

에센셜오일은 외부환경에 따라 흡수의 변화를 보여주기도 한다. 아토피나 건선같이 피부층이 건조한 경우 빠르고 깊게 흡수되며, 습진 등으로 피부가 각화되어 두꺼워진 경우 그만큼 흡수가 지연되기도 한다. 흡수율이 높은 캐리어오일을 사용하면 흡수율을 증가시킬 수 있으면 온도가 높은 물을 이용하면 좀 더 빠른 흡수율을 기대할 수 있다.

III

에센셜오일

학습목표

1. 에센셜 오일의 종류를 이해할 수 있다.
2. 에센셜 오일의 사용방법을 이해할 수 있다.

1. 아로마 에센셜오일

1) 그레이프프루트 (Grape fruit)

학명	*Citrus paradisi*
원산지	대부분 미국
추출 부위	껍질
휘발성	상향
향기	달콤함, 날카로움, 산뜻한 향
성분	limonene, nonaral, decanal, neral, citronellal
특성	위담즙 분비를 촉진하고 지방 분해 효과가 뛰어난 비만증 환자에게 좋고, 항우울, 방부, 이뇨, 살균, 자극, 강장 작용 및 소화 촉진, 용해제 등의 효과가 있다.
적용	• 정　서 : 스트레스 해소, 우울증 제거, 중추신경 균형 유지, 기분 장애 조절, 흥분제 역할을 함 • 소화기 : 부종 제거, 비만과 체액정체에 효과적, 신장과 혈관계 외 정화 효과 때문에 약물 중독증에 사용 • 순환기 : 림프액 분비, 담석을 녹이는 작용, 간기능 강화 • 기　타 : 생리전 증후군, 편두통 치료
주의점	사용 후 강한 햇빛에 노출하면 피부 자극이 있을 수 있다.

※ 반려동물에게 적용시 효과와 약리학적 효과 Tip

★ 주요성분

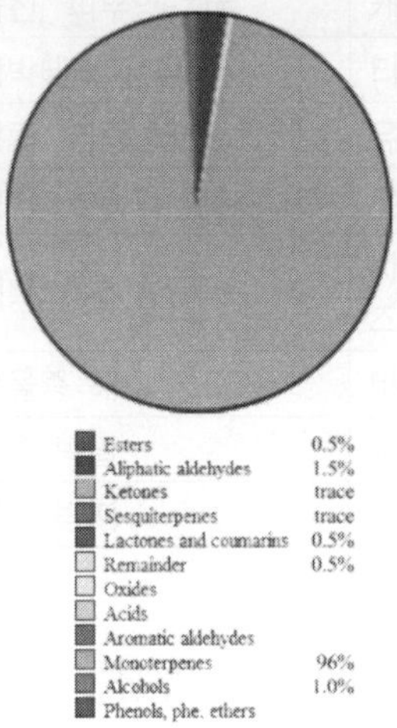

★ 학명	Citrus paradisi
★ 과명	운향과 Rutacese
★ 추출법	냉압착법
★ 반려동물적용	심리적 : 고양효과와 상쾌함을 주는 효과를 줄수 있고 우울하고 스트레스 받은 상태를 새롭게 해주고 행복감을 주며 마음의 균형을 잡아준다. 긴장감과 스트레스를 받을때 음식으로 위안을 받는 사람에게 효과적 림프계 : 이뇨효과, 비장과 림프계를 자극하여 체액정체와 부종을 감소 독소배출과 셀룰라이트 분해 면역계 : 면역계를 자극하여 감기 예방에 효과적 소화계 : 복부팽만, 변비에 효과적 피로, 시차적응, 아침에 일어나기 힘들때 사용하면 좋은 오일
★ 약리학적효과	Anti-depressant, Anti-spasmodic, Anti-viral, Detoxifying Hypotensive, Relaxing, Sedative, Uplifting

2) 네롤리 (Neroli)

학명	*Citrus aurantium*
원산지	인도네시아, 중국
추출 부위	꽃봉오리
휘발성	중향
향기	달콤하고 톡 쏘는 향
성분	terpineol, pinene, limonene, linalool, linalyl acetate
특성	설사, 치질, 소화, 고혈압, 가슴 두근거림, 살균 등에 효과가 탁월하고, 긴장을 완화시키는 힘이 강해 정신과적 측면에서 특히 강조된다.
적용	• 정 서 : 우울증, 쇼크, 정신적 혼란, 신경성 통증, 불안, 공포, 자신감 결여, 히스테리, 불면증, 두통, 현기증 등에 효과적이라 자주 흥분하는 사람에게 사용 • 피 부 : 노화된 피부, 귤껍질 같은 피부, 건성 피부에 효과적, 세포 재생 효과가 있어 피부 신축성 증가, 화장수로 많이 사용 • 기 타 : 최음 효과
주의점	시험 전의 가슴 두근거림, 무대 공포증 등 긴장을 완화 시키는 힘이 강하지만, 정신 집중을 목적으로 할 때는 사용을 금한다.

※ 반려동물에게 적용시 효과와 약리학적 효과 Tip

★ 주요성분

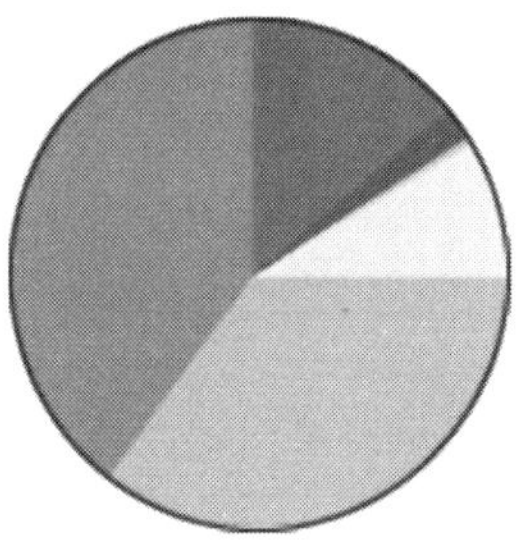

★ 학명	Citrus aurantium var. amara
★ 과명	운향과 Rutaceae
★ 추출법	수증기증류법 또는 용매추출법
★ 반려동물적용	심리적 : 행복감을 주는 오일로 우울증, 스트레스성 불면증과 불안 완화 히스테리나 쇼크 완화, 신경통에 효과적 소화계 : 과민성대장증후군, 아기배앓이에 효과적 순환계 :심장 리듬을 조절하고 경련을 가라앉히는 역할을 하여 고혈압 심장질환 치료에 효과적 피부 : 세포재생과 탄력증진에 효과적 피부가 붉어지거나 염증이 시작될 때 도움을 준다. 미용 후 발적이나 일시적인 발적에 사용한다.
★ 약리학적효과	Anti-Depressant , Anti-viral, Anti-spasmodic, Detoxifying Hypotensive, Relaxing, Sedative, Uplifting

3) 니아울리 (Niaouli)

학명	*Melaeuca Viridiflora*
원산지	마다가스카르
추출 부위	잎, 가지
휘발성	중향
향기	신선하고 달콤한 향기
성분	cineol, terpineol, pinene, limonene, valeric ester, citrene
특성	피부 조직을 팽팽하게 하는 작용을 한다.
적용	• 몸에 활력을 주는 작용이 있어 독감 등에 잘 듣고 신체 방어 체계를 강화함 • 뇌하수체나 난소에 작용해 내분비계 강장 효과가 있음 • 뛰어난 거담 작용, 알레르기와 천식 완화 및 치질 치료에 효과적
주의점	피부에는 국부적으로 사용하고, 10세 미만의 어린이와 임산부는 주의해서 사용해야 한다.

4) 라벤더 (Lavender)

학명	*Lavandula augustifolia*
원산지	프랑스, 스페인, 고산지대
추출 부위	꽃봉오리
휘발성	중향
향기	독성이 없고 풍부한 꽃향, 깨끗함, 진정 완화 향
성분	linalyl acetate, linalool, geraniol, ocimene, caryophyllene
특성	모든 피부 타입에 맞는 오일로 몸과 마음의 조화로 건강을 유지하고 회복 기능을 강화시킨다. 독성이 없고 진정 진통 정화 항경련 작용을 한다.
적용	• 정 서 : 스트레스 · 불안 · 우울증 해소, 불면증 · 두통 · 편두통 치료 • 피 부 : 방부 효과, 항염증, 피부 재생 효과가 있어 여드름 · 피부염 · 종기 · 습진 · 햇볕에 그을린 데 · 벌레 물린 데 · 종기 · 무좀 · 단순 · 포진 등 치료, 세포 성장을 촉진해 화상과 튼선 · 마른버짐 · 상처 · 발진 · 피부 감염 등 치료 외 주름살 방지, 머릿니 제거 등의 효과 • 소화기 : 구취 · 입속 궤양 · 소화불량 · 가스 · 오심 · 위장염 해소 • 순환기 : 혈압강하, 가슴 두근거림과 체액정체 해소 • 호흡기 : 목 감염 · 인후염 · 천식 · 기관지염 · 부비동염 · 감기 · 백일해 치료 • 부인과 : 냉증 · 생리통에 효과, 생리 주기 조절 및 폐경기 증후군 완화 • 비뇨기 : 방광염 치료, 이뇨 작용 • 근육계 : 근육통 · 류머티즘 치료 • 기 타 : 해충 제거, 간질, 신경쇠약, 실신 치료
주의점	저혈압인 사람이 사용하면 감각이 조금 둔화되면서 졸음이 오기도 한다. 통경제(通經劑) 작용을 하므로 임신 초기에는 사용하지 않는다.

※ 반려동물에게 적용시 효과와 약리학적 효과 Tip

★ 주요성분

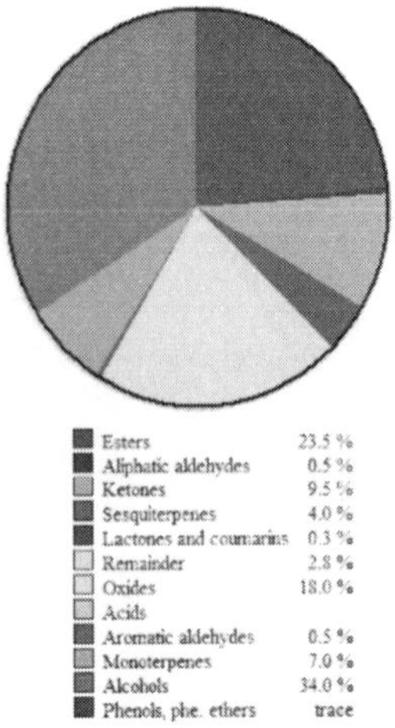

★ 학명	Lavendula angustifolla, Lavendula offlcinalls
★ 과명	꿀풀과 Lablatae
★ 추출법	수증기 증류법
★ 반려동물적용	심리적 : 스트레스, 불면증, 분노, 긴장, 쇼크 이완, 우울증 근골격계 : 진통효과로 근육통, 관절염, 류머티즘 순환계 : 혈압을 낮추고 심장을 이완해 스트레스로 관련 심계항진을 낮춤 소화계 : 스트레스로 인한 설사 피부 : 일반적인 피부질환, 벌레물린 곳, 화상, 피부염, 상처치유 기타 : 해충방지
★ 약리학적효과	Analgegic, Anti-depressant, Anti-spasmodic, Balancing Calming, Cheering, Nervine relaxing, Sedative, Bectericidal Cooling, Detoxifying, Diuretic, Emmenagogue, Hypotensive Anti-inflammatory, Tonic, Vulnerary, Cicatrisant

5) 레몬 (Lemon)

학명	*Citrus limon*
원산지	브라질, 캘리포니아, 지중해 연안, 아르헨티나
추출 부위	과일의 껍질
휘발성	상향
향기	시원한 느낌, 신선한 과일 향
성분	linalool, citronellal, limonene, pinene, phellandrene
특성	살균, 살충, 소독, 수렴, 지혈, 혈압강하, 해열 작용, 강장, 건위, 구충, 구풍, 반흔 치료, 이뇨, 제산, 정혈, 피부 연하, 항경화, 항괴혈병, 항류머티즘, 항신경통, 혈당치 저하, 항산화, 미네랄 흡수 촉진 등의 작용을 하며, 특히 세정 효과가 뛰어나고, 회복·진정 효과가 있다.
적용	• 정　서 : 상큼한 기분 유지 • 피　부 : 지성 피부에 좋으며 각질 제거, 모발 세정, 티눈·사마귀에 효과, 멍든 피부 치료, 염증성 피부 질환과 단순 포진의 고통 완화 • 소화기 : 췌액 분비, 신체 정화 작용, 변비 해소와 섬유질 분해 • 순환기 : 강력한 강장제·강심제 효과, 부종 해소, 빈혈 치료 • 성인병 : 비만 해소, 당뇨 치료 • 면역계 : 외상 출혈에 대한 지혈 효과, 인후통·기침·감기·독감 치료, 해열작용 • 기　타 : 두통·편두통 치료, 류머티즘성관절염의 통증 완화
주의점	민감성 피부에 자극을 준다.

※ 반려동물에게 적용시 효과와 약리학적 효과 Tip

★ 주요성분

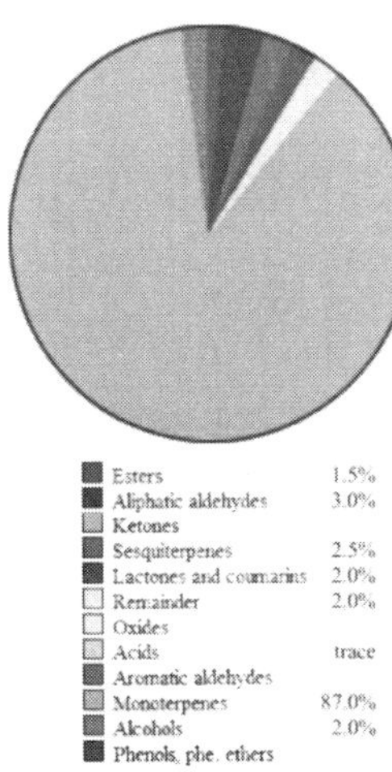

★ 학명	Citrus limon
★ 과명	운향과 Rutacese
★ 추출법	냉압착법
★ 반려동물적용	심리적 : 분노, 과잉행동, 과도하게 감정적인 상태에 도움 상쾌한 기분과 생각이 명료해지는 효과 근골격계 : 류머티즘, 관절염, 관절부기, 통증 순환계 : 혈액정화, 순환에 도움, 셀룰라이트 감소, 고혈압을 낮춘다 소화계 : 위산 수치를 낮추어 소화불량에 도움 호흡계 : 감기로부터 보호하고 해열효과
★ 약리학적효과	Anti-spasmodic, Calming, Anti-viral, Anti-fungal Anti-septic, Carminative, Cooling, Hypotensive Uplifting

6) 레몬그래스 (Lemongrass)

학명	*Cymbopogon citratus*
원산지	인도, 중앙아메리카, 브라질
추출 부위	꽃이 핀 후 시든 풀
휘발성	상향
향기	신선한 레몬 향
성분	citral, mycrene, dipentene, geraniol, linalool
특성	인도 약전에 해열제 및 콜레라, 감염증의 해독제로 쓰인 기록이 남아 있고, 구충·방충·방취·소화·방부·이뇨·항응고 효과, 근육 경련, 류머티즘, 두통 치료 등의 효과가 있다.
적용	• 정　서 : 항우울 개선, 탈진시 에너지 충전 • 피　부 : 모공 축소, 여드름·무좀·마른버짐 치료, 소독, 탈취, 머릿니 제거, 옴 치료 • 소화기 : 소화불량·복통·헛배부름 등 해소, 위 기능 강화, 식욕부진·위장염 치료, 땀이나 눈물 등 분비샘 자극, 가스 제거, 위통 완화 등 소화기관 자극 • 순환기 : 젖산 제거, 순환 촉진 및 근육통에 큰 효과 • 기　타 : 살균 방취 효과, 가축의 질병 치료, 지나치게 기름진 모발 관리에 사용
주의점	피부가 예민하게 반응하므로 소량 사용하는 것이 좋다.

7) 로즈 (Rose)

학명	*Rosa damascena*
원산지	소아시아, 불가리아, 모로코, 터키, 프랑스
추출 부위	꽃
휘발성	중향
향기	우아한 향
성분	citronnellol, geraniol, farnesol, nerol(alcohols), myrcene(terpene), methyleugenol
특성	여성과 관련된 대부분의 증상이나 질병 치료에 효과적이다. 항우울·방부·통증 완화·최음·담즙 분비·이뇨·정화·완화·진정·강장 작용 및 염증 출혈 방지 효과가 있다.
적용	• 정　서 : 감정 조절, 우울증 치료, 질투심 조절, 스트레스 제거, 긍정적 자아 기능 조장, 수면 장애 해소 • 피　부 : 모든 피부에 사용해도 좋으며 화상을 치료하고, 복합성 피부를 진정시킴 • 소화기 : 위장 및 간 기능 강화, 위통·변비·숙취·간 충혈 제거 • 순환기 : 심장 울혈 방지, 실핏줄 강화, 순환 촉진 • 호흡기 : 기침, 천식, 꽃가루 알레르기, 입과 인후 통증 치료 • 부인과 : 생리 장애, 생리전 증후군, 폐경기 장애 치료 • 비뇨기 : 비장 강화, 정자 증가, 성기능 촉진 • 기　타 : 오심·구토·황달·독소 제거, 염증, 모세혈관 확장증 치료
주의점	생리 조절 기능이 있으므로 임신중에는 사용을 금한다. 얼굴에 과다 사용시 자극이 있을 수 있다.

※ 반려동물에게 적용시 효과와 약리학적 효과 Tip

★ 주요성분

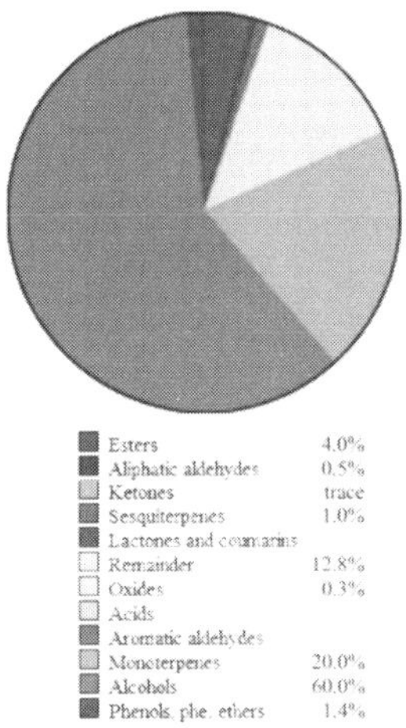

★ 학명	Rosa damascena
★ 과명	장미과 Rosaceae
★ 추출법	수증기 증류법
★ 반려동물적용	심리적 : 항우울 효과가 뛰어나고 불면증, 스트레스, 신경성 긴장 완화 긍정적인 자신감을 주어 비통함, 슬픔, 질투에 효과적 순환계 : 강장효과로 혈액순환 강화 소화계 : 위를 강화 스트레스로 인한 구토, 변비, 소화불량에 효과적 피부 : 모든 피부타입에 효과적, 건성피부, 노화피부에 특히 효과적
★ 약리학적효과	Anti-Depressant , Anti-viral, Anti-septic , Aphrodisiac Anti-spasmodic, Astringent , Bactericidal , Emmenagogue Laxative, Relaxing, , Sedative, Stomachic Anti-inflammatory

8) 로즈메리 (Rosemary)

학명	*Rosemarinus officinalis*
원산지	지중해 연안, 이탈리아
추출 부위	꽃 윗부분
휘발성	중향
향기	캠퍼와 유사하며 톡 쏘는 향
성분	borneol, pinene, 1.8-cineole, camphene, camphor
특성	강력한 방부 작용과 자극 효과, 심신의 균형을 잡아주고 진통을 해소해 준다.
적용	• 정 서 : 청결한 느낌으로 기억력 자극, 두통·편두통·피로 해소 • 피 부 : 피부 청결 유지, 강력한 수렴 효과, 부기를 가라앉힘 • 소화기 : 소화불량·헛배부름·변비·장염·위장염·위통 해소 • 순환기 : 순환 촉진, 림프 충혈 완화, 체액정체 해소, 정맥류 치료, 심장 강화, 저혈압 치료, 간염·간경화증·담석증·황달 치료 및 강장 작용, 빈혈과 현기증에 효과 • 성인병 : 비만 치료 • 호흡기 : 기침·감기·만성 기관지염·천식 치료 등 폐기능 강화 • 부인과 : 생리 주기 조절, 생리 중 체액정체 해소 • 근육계 : 통풍·류머티즘·피곤한 근육 치료 효과 • 기 타 : 활동력 강화, 중추신경계 활성화, 언어 능력·청취력·시력 회복, 진정 작용이 많지 않으면서 통증 관리 가능, 신경 자극, 비듬·탈모 방지
주의점	임신 초기 5개월 동안, 그리고 혈압이 높은 경우 사용을 피한다. 간질 환자에게는 절대 사용을 금한다.

※ 반려동물에게 적용시 효과와 약리학적 효과 Tip

★ 주요성분

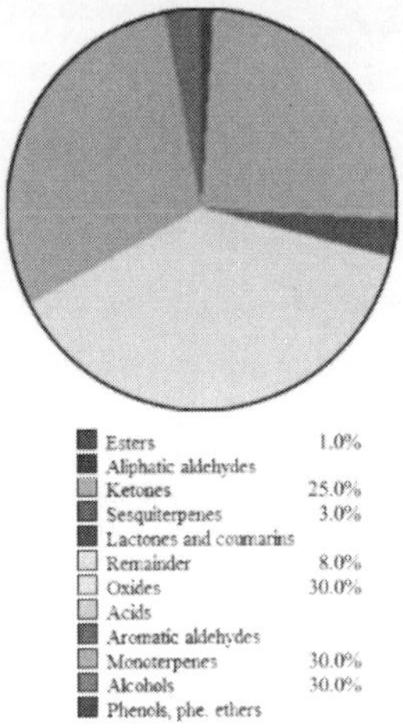

★ 학명	Rosmarinus officinalis
★ 과명	꿀풀과 Labiatae
★ 추출법	수증기 증류법
★ 반려동물적용	심리적 : 마음을 정리해주고 기억력을 높여준다. 두뇌활동을 높이며
	두통, 편두통에 효과적
	근골격계 : 관절염, 류머티즘, 근육과 부상으로 인한 통증완화
	순환계 : 수족냉증, 혈압상승
	프랑스 버베논타입: 가장 순하고 고품질 (탈모 건선 노화) 1.8
	시네올타입 : 호흡기, 거담작용, 스페인 캠포 타입 : 근육통
	피부 : 모발성장, 비듬제거
★ 약리학적효과	Analgesic, Anti-septic, Anti-spasmodic, Anti-viral, Astringent
	Carminative, Cicatrisant, Diuretic, Emmenagogue, Hypertensive
	Nervine Tonic, Brain Tonic, General Stimulant, Detoxifying, Rubefacient

9) 로즈우드 (Rosewood)

학명	*Aniba rosaeodora*
원산지	브라질
추출 부위	나무토막
휘발성	중향
향기	달콤한 향. 나무와 장미 향
성분	linalool, cineol, citronellal, limonene, geraniol
특성	두통, 감기, 열, 감염증, 질염, 구토 등을 제거하고 세포를 재생하며, 주름 완화 효과(lifting tonic)가 뛰어나다
적용	• 정 서 : 중추신경 진정 작용, 항우울 작용 및 기분을 고조시켜 건설적인 감정 작용을 촉진, 사용 후 평온해짐 • 피 부 : 세포 재생 효과가 있어 상처 치료에 좋고 건성 피부, 예민하거나 염증이 있는 피부에 효과 • 기 타 : 진통·항우울·최음·방부·살균·탈취 작용 및 해충·두통·질염·열·구토·기침·목 감염증 치료, 만성적 면역기능 항진증 환자에게 좋음
주의점	비교적 독성이 없고 자극적이지 않은 오일이다.

※ 반려동물에게 적용시 효과와 약리학적 효과 Tip

★ 주요성분

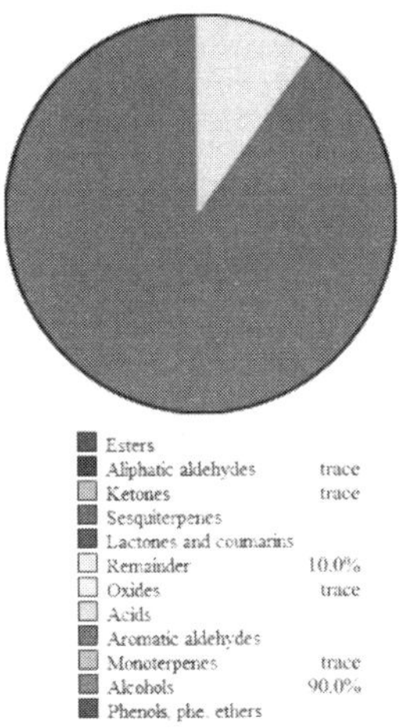

★ 학명	Aniba rosaeodera
★ 과명	녹나무과 (Lauraceae)
★ 추출법	수증기증류법
★ 반려동물적용	심리적 : 편두통, 시차적응으로 인한 두통에 효과적, 스트레스와 신경 긴장을 경감시키고 우울증에 효과적 심각한 문제들로 인한 두통이나 우울함에 효과적 면역계 : 면역계 토닉 효과로 감기, 독감, 감염을 예방, 치유 피부 : 세포재생과 보습효과가 뛰어남, 상처나 베인 곳에도 효과적이며 염증성 피부염에도 효과적
★ 약리학적효과	Anti-Depressant, Anti-microbial, Anti-septic, Bactericidal Analgesic, Anti-viral, Anti-fungal

10) 마조람 (Marjoram)

학명	*Origanum majorana*
원산지	스페인, 이집트, 북아프리카, 헝가리
추출 부위	잎
휘발성	중향
향기	달콤함, 진정 향
성분	sabinene, terponene, linalool, geranyl acetate
특성	안정·진정 효과가 뛰어나 성욕 감퇴제 역할 외에도 안정제, 진통제, 혈압강하제, 동맥 혈관 확장제 등으로 사용된다.
적용	• 정 서 : 정서·안정 작용이 있어 히스테리·스트레스·고독·불안·불면증·상심 등의 감정을 조절하는 데 효과적, 활동 많은 사람에게 적격 • 피 부 : 타박상·화상·염증 치료 • 소화기 : 위·허파의 경련, 소화 장애, 가스·변비 치료 및 소화 작용 • 순환기 : 혈압강하제, 동맥혈관 확장제로 쓰임 • 호흡기 : 기침·감기·천식·독감·후두염·기관지염 치료 • 부인과 : 생리 정상화 및 성욕 감퇴제 역할을 함 • 기 타 : 편두통·관절염·류머티즘·통증 완화, 운동 후 사용하면 효과적
주의점	많은 양을 사용할 경우 졸음이 온다.

※ 반려동물에게 적용시 효과와 약리학적 효과 Tip

★ 주요성분

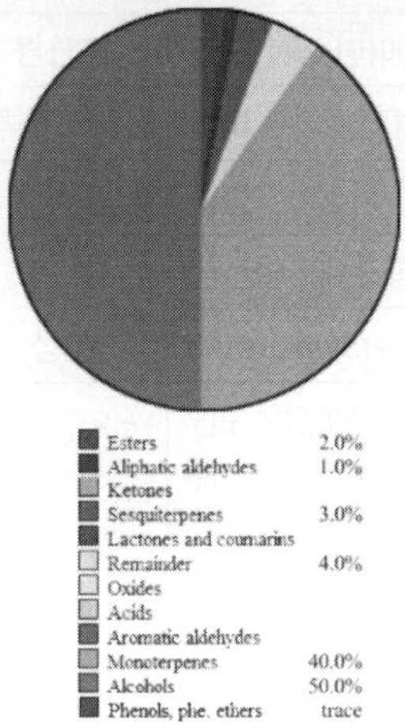

★ 학명	Oringanum marjorana
★ 과명	꿀풀과 Labiate
★ 추출법	수증기 증류법
★ 반려동물적용	심리적 : 감정을 진정시키고 편안하게 해준다. 스트레스, 슬픔, 외로움에 효과적 과잉행동장애에 효과적 스트레스와 연관된 우울증, 불면증에 효과적 행동을 제약하는 오일 중성화 하지 않은 수컷의 과도한 행동을 제약 근골격계 : 근육경련, 관절통증, 염좌, 요통에 효과적 진통작용과 근육 이완효과가 뛰어남 소화계 : 장의 연동운동 촉진, 위경련, 소화불량, 변비에 효과적 기본적으로 열을 내는 오일 피부 : 뛰어난 항균 효과로 티트리 대용으로도 사용
★ 약리학적효과	Analgesic, Anti-septic, Anti-spasmodic, Anti-viral, Carminative, Calming Emmenagogue, Hypotensive, Laxative, Nevine relaxing, Sedative, Vulnerary Digestive, Warming

11) 만다린 (Mandarin)

학명	*Citrus reticulata*
원산지	인도 동북부
추출 부위	열매의 껍질
휘발성	상향
향기	부드럽고 풍부하며, 자극적이지 않고 우아한 향
성분	limonene, geraniol, citral, citronellal
특성	민트계를 제외한 거의 모든 종류의 오일과 잘 섞인다.
적용	• 정 서 : 흥분이나 자극을 진정시켜 주는 작용이 있어 마음을 안정시키고, 신경과민성 불면증, 우울증에 효과적. 아이들을 차분하게 해주고 조용한 수면을 유도 • 피 부 : 각 피부의 톤을 활력 있게 하고 세포를 건강하게 해 주는 역할 • 기 타 : 살균 및 강장 작용, 혈액순환 촉진
주의점	공기와 접촉하면 빠른 시간 내에 그 순도와 질이 저하되므로 개봉 후 6~8개월 이내에 사용하는 것이 좋다. 햇빛에 노출되면 피부를 자극하거나 검게 태우는 성질이 있다.

12) 버가못 (Bergamot)

학명	*Citrus bergamia*
원산지	이탈리아, 아이보리코스트, 기니아
추출 부위	과일의 껍질
휘발성	상향
향기	상향
성분	가볍고 상쾌한 향
특성	다른 오일과 잘 혼합되는 성질이 있으며 피부 미용에 탁월한 효과가 있다. 강신·강장·거담·건위·살충·소독·소화 촉진·탈취·해열·항우울 작용 외에 반흔 치료, 진통에 효과적이다.
적용	• 정 서 : 진정과 동시에 감정을 고양시켜 불안과 긴장에 탁월하고 노여움, 실망감을 완화시킴 • 피 부 : 소독 효과가 있어 습진·마른버짐·여드름·옴·창상·포진·피부와 두피의 지루(脂漏)·헤르페스·수두·대상포진에 효과적 • 소화기 : 식욕부진 해소하고 소화 촉진, 헛배부름·위통 치료 • 순환기 : 정맥류성 궤양 치료 • 호흡기 : 호흡 곤란·편도선염·기관지염·폐결핵 등 호흡기 계통의 감염증 치료 • 기 타 : 산통 치료, 장애조직 변질 방지제, 감염 억제제로 쓰임
주의점	감광성이 있으므로 민감한 피부에 사용을 금한다.
동물	반려동물의 더러운 귀, 효모균의 과도한 성장, 박테리아에 오염된 귀 등을 치료하기 위해서, 베르가못 향유 및 라벤더, Roman Chamomile 그리고 Niaouli를 잘 조합해서 사용하면 좋다.

※ 반려동물에게 적용시 효과와 약리학적 효과 Tip

★ 주요성분

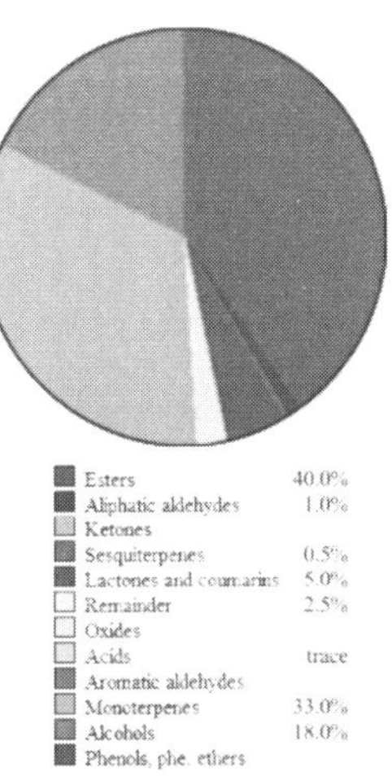

★ 학명	Citrus bergamot
★ 과명	운향과 Rutacea
★ 추출법	냉압착법
★ 반려 동물적용	심리적 : 분노, 좌절감, 불안감, 스트레스를 완화 우울증 (분리불안, 스트레스로 인한 불안) 피부 : 살균, 항균, 쿨링 효과로 습진, 염증성 피부질환 및 지루성 피부에 효과적 스트레스와 연관된 질환에 효과적
★ 약리학적효과	Analgegic, Anti-depressant, Balancing, relaxing, Sedative Anti-inflammatory, Digestive, Laxative, Insect repellent Anti-septic, Anti-viral, Stomachic, Cooling, Vulnerary Uplifting

13) 사이프러스 (Cypress)

학명	*Cupressus sempervirens*
원산지	프랑스, 스페인, 모로코
추출 부위	잎, 줄기
휘발성	중향
향기	날카롭고 자극적이며 소나무와 유사한 향
성분	pinene, terpinolene, borneol, cedrol, limonene
특성	어린이용 아로마 오일로 사용해도 좋다.
적용	• 정　서 : 불면증 치료, 슬픔과 상실감 해소 • 피　부 : 지성 피부에 효과 • 소화기 : 지방 분해 효과, 설사 멈춤 • 순환기 : 혈액순환을 촉진하고, 저혈압, 정맥류, 치질, 인후염 치료 • 호흡기 : 경련성 기침 치료 • 기　타 : 피로 회복, 땀 분비 감소, 에너지 저하증 해소
주의점	생리 주기를 규칙적이게 하는 작용이 있으므로 임신중에는 사용을 금한다. 정맥류에 효과가 탁월하나 보통의 마사지를 하기에는 너무 강하므로 사용시 주의한다.

※ 반려동물에게 적용시 효과와 약리학적 효과 Tip

★ 주요성분

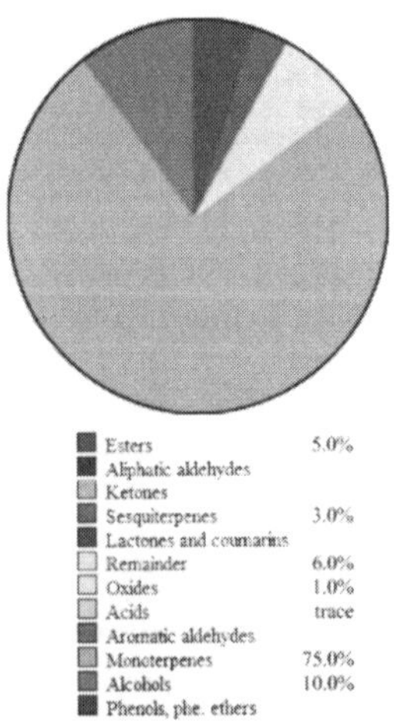

★ 학명	Cuperessus sempervirens
★ 과명	측백나무과 Cupressaceae
★ 추출법	수증기 증류법
★ 반려동물적용	심리적 : 긴장 완화효과로 화를 잘 내는 사람에게 효과적 질투심 집착, 고독감, 후회등의 심리상태에 효과적 세포와 조직의 수렴, 이뇨작용 (셀룰라이트와 체액정체) 순환계 : 혈관수축으로 정맥류 치질 완화 호흡계 : 항경련으로 감기, 기관지염, 천식으로 인한 기침 완화 피부 : 땀, 피지 를 조절하여 정상화 시킴 다한증 지성, 노화피부에 효과적
★ 약리학적효과	Anti-septic, Anti-spasmodic, Astringent, Cicatrisant, Diuretic Hemostatic, Sedative, Tonic, Uplifting, Vasoconstrictive

14) 샌들우드 (Sandalwood)

학명	*Santalum album*
원산지	인도, 인도네시아, 중국
추출 부위	나무
휘발성	하향
향기	기분을 상쾌하게 하는 향
성분	santalol, santalene, cis-lanceol, farnesene
특성	풍부한 나무 냄새로 안정감을 주고 이완 작용을 하며, 폐와 비뇨기계에 방부 효과가 있다.
적용	• 정　서 : 진정·이완 작용과 불안·긴장 해소 작용으로 과거로부터 마음을 자유롭게 함 • 피　부 : 균형 유지, 항염 작용, 건성 피부에 좋고 노화 방지 및 주름살을 부드럽게 펴 주는 효과, 마름 비듬·습진·햇빛에 탄 데·두드러기·발진·기저귀 습진·알레르기성 염증 치료 • 소화기 : 진정·통증 완화, 구토·복통·딸꾹질 해소, 설사·속쓰림·오심 치료 및 가스 제거, 이뇨 작용 • 순환기 : 진정·작용, 치질과 정맥류의 가려움증 치료, 아침 멀미 진정 효과 • 호흡기 : 방부 효과, 가슴 기침으로 인한 통증 해소, 목감기·인후염·기관지염·천식·폐 염증 진정 효과, 면역기능 항진 • 부인과 : 호르몬 조절과 균형, 폐경기 증후군 완화, 질 세척 효과, 생식기 청결 효과 • 비뇨기 : 최음 작용 및 기저의 불안을 제거해 불감증 치료, 방광염 진정 효과 • 기　타 : 해열·소염·거담 작용, 연화제로 Tm임
주의점	세탁 후에도 옷에 냄새가 남아 있을 수 있다. 최음 효과가 강하므로 사용에 주의하고, 우울증에는 삼간다.

※ 반려동물에게 적용시 효과와 약리학적 효과 Tip

★ 주요성분

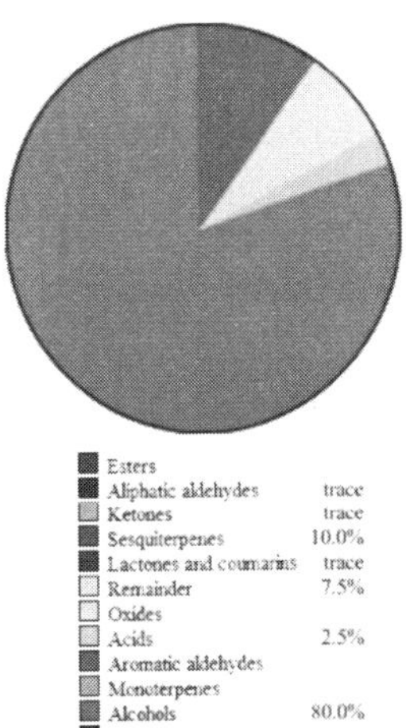

★ 학명　Commiphora myrrha

★ 과명　감람과 Burseraceae

★ 추출법　수증기 증류법

★ 반려동물적용
심리적 : 긴장을 이완시키고, 스트레스, 불면증, 분노 완화에 효과적
강박증이나 과거에 대한 집착에 효과적
호흡계 : 목감기, 기관지염, 만성적인 기침에 효과적
비뇨계 : 신장을 강화시키고 신장염이나 방광염, 비뇨기관 감염에 효과
피부 : 피부 진정 쿨링 보습작용으로 피부의 균형을 잡아주고 발적을 가라앉히고 민감한 피부에도 효과적

★ 약리학적효과
Anti-septic, Anti-spasmodic, Astringent, Cicatrisant, Diuretic
Hemostatic, Sedative, Tonic, Uplifting, Vasoconstrictive

15) 스피어민트 (Spearmint)

학명	*Mentha spicata*
원산지	프랑스
추출 부위	식물 전체
휘발성	상향
향기	달콤하고 상쾌하며 강한 향
성분	carvone, limonene, menthone, menthol, cineol
특성	페퍼민트보다 달콤하고 부드러우면서 다소 매운 느낌이 나지만, 순해서 어린이에게도 적합하다.
적용	• 정 서 : 스트레스와 긴장 완화 • 호흡기 : 모든 종류의 호흡기 질환에 효과적 • 기 타 : 항염증, 점액 제거 작용
주의점	눈에 들어가면 강한 통증을 유발하므로 주의한다.

16) 시더우드 (Cedarwood)

학명	*Cedrus atlantica (White)*
원산지	모로코
추출 부위	삼나무
휘발성	하향
향기	그윽하고 상쾌한 향, 깊은 나무 향, 발삼 향
성분	cedrene, atlantol, atlantone, cubenol
특성	고대 이집트에서 시체용 방부제로 사용했던 기록처럼 방부 · 살균 작용이 뛰어나다. 다른 오일과 잘 혼합되어 향수의 고착제로 쓰인다.
적용	• 정 서 : 불안 · 긴장 완화 • 피 부 : 진정 · 항염 효과가 있어 피부 궤양 치료, 모발 관리와 탈모 · 비듬 방지 • 비뇨기 : 방광염, 임질과 요도관 장애 치료 • 기 타 : 신경자극제, 거담제로 이용됨
주의점	고농도로 사용 시 피부를 자극한다. 임신 중인 여성은 사용을 금한다.

17) 오렌지 스위트 (Orange sweet)

학명	*Citrus Sinensis*
원산지	시실리, 이스라엘, 스페인, 미국
추출 부위	과일의 껍질
휘발성	상향
향기	달콤하고 따뜻한 향, 생기 넘치는 향
성분	llimonene, bergapten, auraptenol
특성	피부 재생 효과가 있어 피부 관리를 할 때 필수적으로 사용한다.
적용	• 정 서 : 우울증, 히스테리, 신경 긴장 해소 • 피 부 : 기미 완화 • 기 타 : 식욕 증진, 장 기능 강화 효과
주의점	피지를 유발하는 피부에 효과적이고, 피부 재생에도 큰 도움을 주나 냉장고에 보관하여 산화작용을 방지해야함

※ 반려동물에게 적용시 효과와 약리학적 효과 Tip

★ 주요성분

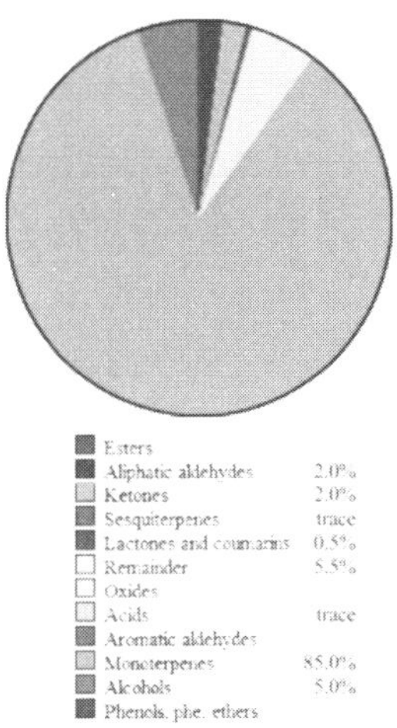

★ 학명	Citrus sinensis
★ 과명	운향과 Rutacese
★ 추출법	냉압착법
★ 반려동물적용	심리적 : 자신을 긍정적으로 바라 볼수 있도록 해주며 마음을 새롭게 하고 우울감, 긴장, 스트레스 완화에 도움을 준다. 삶이 지루하고 기운이 없을때 사용하면 효과적이다. 순환계 : 혈압을 낮춘다 림프계 : 부종과 체액정체를 완화, 셀룰라이트 제거 소화계 : 위를 안정시키고 연동운동을 활발하게 하여 설사, 변비에 도움 과민성대장증후군과 식욕증진에 도움 면역계 : 바이러스 감염을 막아 감기예방에 효과적
★ 약리학적효과	Sedative, Warming, Anti-viral, Anti-inflammatory Carminative, Hypotensive, Anti-septic

18) 유칼립투스 (Eucalyptus)

Eucalyptus radiata essential oil은 다양한 목적으로 사용이 가능하다. Eucalyptus radiata essential oil은 Eucalyptus oil들 중 가장 부드러운 성질을 가지고 있다.

학명	*Eucalyptus globulus*
원산지	호주
추출 부위	잎
휘발성	상향
향기	날카로운 향, 캠퍼 향이 약간 남
성분	pinene, limonene, 1,8-cineole, pinocarrone, ledol
특성	광범위한 항박테리아·바이러스 치료제, 해열제, 해충제 역할을 하며 정신 집중 효과가 있다.
적용	• 정 서 : 에너지 증가, 감정 조절 기능이 있어 기분을 상승시켜 상쾌함을 주고, 정신 기능 자극 및 늘어짐 방지 • 피 부 : 지성 피부 해소, 시원한 느낌을 주고, 머릿니, 종기, 여드름, 헤르페스 치료 • 호흡기 : 열·감기·인플루엔자·인후염·부비강염·두통 치료, 건조하고 밭은 기침, 천식으로 인한 호흡곤란 해소, 객담 제거 작용으로 기관지염 치료 • 근육계 : 부어오름, 근육통, 류머티즘성관절염 등에 항염증 작용 • 기 타 : 신장 강화, 방광염 치료 효과
주의점	고농도로 사용할 경우 혈관으로 스며들면 신장을 자극할 수 있으므로 반드시 희석해서 쓴다. 고혈압, 간질 환자는 사용을 금한다.

※ 반려동물에게 적용시 효과와 약리학적 효과 Tip

★ 주요성분

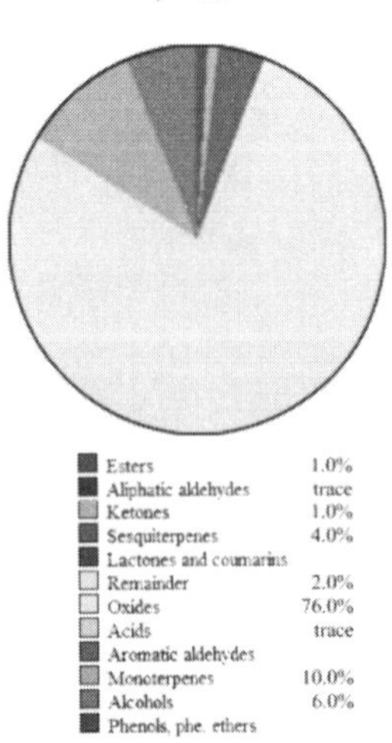

★ 학명	Eucalyptus globulus
★ 과명	도금양과 Myrtaceae
★ 추출법	수증기 증류법
★ 반려동물적용	심리적 : 머리를 맑게 해주고 감정을 진정시킴 폭발직전의 격양된 상태나 이성을 잃었을 때 진정효과 근골격계 : 류머티즘을 완화시키고 근육결림, 통증 완화 호흡계 : 목감기, 가래, 기침, 코감기, 천식등 모든 감기에 효과 뛰어난 거담효과 면역계 : 감염에 대한 신체 면역력 강화 피부 : 감염, 화상, 상처, 염증이 있거나 칙칙하고 정체된 피부에 효과적
★ 약리학적효과	Stimulant, Anti-viral, Decongestant, Anti-septic, Expectorant Anti-spasmodic

19) 일랑일랑 (Ylang Ylang)

학명	*Cananga odorata*
원산지	필리핀
추출 부위	꽃
휘발성	중향
향기	감각적이고 이국적인 느낌의 달콤한 꽃향, 바나나 향과 유사하며 무거움
성분	linalool, benzyl acetate(ester), eugenol, pinene(terpene), germacrene
특성	몸과 마음의 조화를 되찾을 수 있게 하고, 정상적인 혈압을 유지하는 데 도움을 준다. 통증 완화 및 방부·최음 효과가 있다.
적용	• 정　서 : 아드레날린을 분비 조절해 이완 기능, 분노·불안·쇼크·공포 제거, 우울증, 두려움, 질투, 좌절 등을 진정시키는 작용 • 피　부 : 피지샘을 조절해 지성·건성 피부에 효과, 두피에 자극을 줘 발모 촉진 • 부인과 : 자궁 강장, 호르몬 조절, 유방 탄력 유지 및 최음 효과 • 기　타 : 가쁜 호흡, 가슴 두근거림에 효과, 고혈압 치료, 장염 치료
주의점	고농도로 사용할 경우 두통이나 구토를 유발할 수 있고, 장기적으로 사용할 경우 신경기능을 자극시켜 흥분을 유발할 수 있다. 염증성 피부에는 자극을 주므로 사용을 금한다.

※ 반려동물에게 적용시 효과와 약리학적 효과 Tip

★ 주요성분

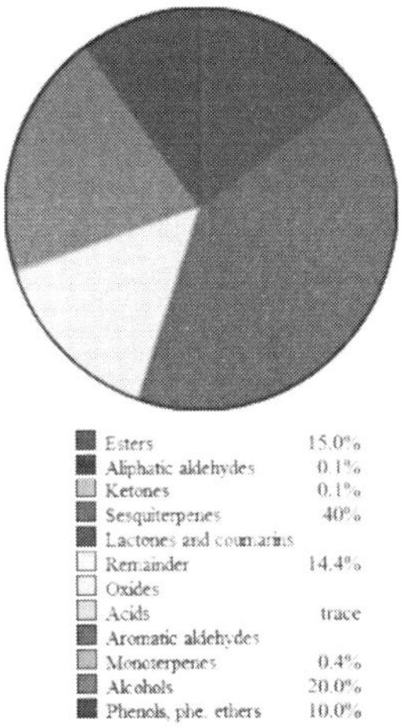

★ 학명　Cananga odorate

★ 과명　목련과 Annonaceae

★ 추출법　수증기 증류법

★ 반려동물적용
심리적 : 항우울 작용, 중추신경을 진정시키고 분노, 근심, 외상후증후군 쇼크와 공포 완화에 효과적
순환계 : 심박수를 낮추고 혈압을 낮춘다
피부 : 피지균형을 잡아주고 수분균형을 잡아줌 두피관리에도 효과적
갈라진 모발에 컨디셔너 역할을 한다.
브러싱 스프레이에 한방울 정도 넣어주면 좋은 향과 컨디셔너 효과
향이 강하므로 반려동물에게 사용시 소량만을 이용한다.
과용시 두통이나 구토를 유발할 수 있다.

★ 약리학적효과
Anti-Depressant, Anti-septic, Aphrodisiac
Hypotensive, Relaxing, Sedative

20) 재스민 (Jasmine)

학명	*Jasminum grandiflorum*
원산지	남프랑스, 이집트, 튀지니, 모로코, 인도
추출 부위	꽃
휘발성	하향
향기	감각적이고 풍부한 느낌의 향, 깊고 달콤하고 오래감
성분	ester, benzyl acetate, methyl jasmonate, linalool, jasmone
특성	상쾌하고 이국적인 느낌으로 향과 가격에 있어 최고의 오일 중 하나이다. 사랑의 오일, 로맨스 오일로 불릴 정도로 강한 최음 효과가 있다.
적용	• 정 서 : 상승 작용이 있어 불안 · 우울 · 무기력증 · 자신감 결여 해소 • 피 부 : 피부 탄력을 강화시킴 • 비뇨기 : 남성무력증, 불감증, 성기능 강화, 불감증 해소 • 기 타 : 피로 회복, 출산 후 우울증 해소
주의점	최음 · 통경 작용이 있으므로 임신 기간 중에는 사용하지 말아야 한다. 최면 작용이 있어 집중력을 방해할 수 있으며, 방향(芳香)이 강하므로 적은 용량을 사용한다.

21) 제라늄 (Geranium)

그 자체만으로, 제라늄은 매우 유용하며, 반려동물 주인들의 약통 안에 하나쯤은 가지고 있는 온화한 oil입니다.

학명	*Pelargonium graveolens*
원산지	이집트, 모로코, 알제리, 중국
추출 부위	잎
휘발성	중향
향기	풍부하고 달콤한 향
성분	geraniol, citronellol, linalool, citronellyl formates, menthone
특성	가장 다양한 용도로 쓰이는 에센셜 오일 중 하나로, 균형 잡힌 부드러운 향은 스트레스를 줄여주고 심신을 안정시켜 원기를 북돋워 준다.
적용	• 정 서 : 긴장 상승 효과, 우울 · 불안 · 행동 장애 및 스트레스 해소 • 피 부 : 수렴 · 균형 작용이 있어 피지 분비를 정상화해 염증 완화, 건성습진 · 머릿니 · 비듬 · 여드름 제거, 단순포진 치료, 튼살 및 작은 상처를 흉터 없이 아물게 함. 염증 · 화상 · 주름살 완화 등 피부의 청결 유지 • 소화기 : 입속 궤양 · 설사 · 위장염 치료 등 강장 · 청결 작용 • 순환기 : 노폐물 제거, 체액정체 완화, 혈압 조절

	• 성인병 : 비만 치료 • 호흡기 : 감기 바이러스 항균 작용으로 구강 감염증 해소 • 부인과 : 부신피질 자극과 호르몬 조절 작용으로 생리 장애 · 생리전 증후군 · 폐경기 증상 · 질염 · 불임 · 유방의 부기 해소 및 최음 작용 • 비뇨기 : 이뇨 작용, 간 · 신장의 독소 등 비뇨기 염증 치료 • 기　타 : 소아 홍역 진정 작용
주의점	민감성 피부에 자극을 준다. 호르몬 조절 효과가 있으므로 임신 중에는 사용하지 않는다.
동물	강한 항균제(antifungal) 및 강장제 역할, 귀가 밑으로 축 늘어진 개들에게 귓속 세균 치료 및 방지를 위해 사용되는 oil중 하나, 제라늄은 효과적인 진드기 방충제(tick repellent) 역할이 있다.

※ 반려동물에게 적용시 효과와 약리학적 효과 Tip

★ 주요성분

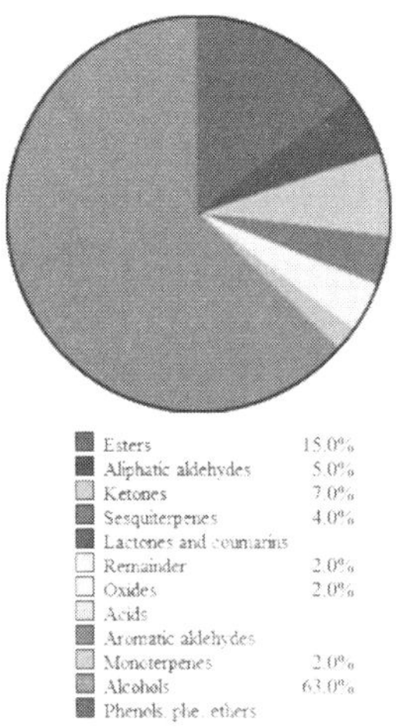

★ 학명	Pelargonium graveolens
★ 과명	쥐손이풀과 Geraniaceae
★ 추출법	수증기 증류법
★ 반려동물적용	심리적 : 신경계 강장효과로 분노, 불안, 좌절, 우울증, 스트레스 완화 균형을 잡아준다. 근육계 : 진통효과 근육경련, 류머티즘에 효과적 순환계 : 혈액순환 강화 내분비계 : 균형을 잡아준다. 피부 : 모든 피부타입에 사용 피지분비를 조절, 상처치유, 재생 혈액순환을 원할하게하여 혈색에 도움, 뛰어난 항염효과 기타 : 해충방지
★ 약리학적효과	Analgesic, Anti-depressant, Anti-septic, Anti-inflammatory Balancing, Stimulant, Tonic, Uplifting, Vulnerary

22) 주니퍼 베리 (Juniper berry)

학명	*Juniperus communis*
원산지	유고슬라비아, 이탈리아, 프랑스
추출 부위	열매
휘발성	중향
향기	테레빈 나무 향, 강렬한 향, 발삼 향
성분	terpineol(alcohols), pinene, limonene, geraniol, sabinene
특성	이뇨 · 살균 · 강장 작용을 하며 노인성 질환에 적합하다.
적용	• 정　서 : 마음을 진정시키고, 불안감이나 불면증, 정신적 피로 해소, 기억력 강화

	• 피　부 : 피부염, 습진, 상처, 피부가 빨갛게 발진되는 증상 치유 • 소화기 : 소화 촉진, 위통 치료 • 성인병 : 당뇨, 동맥경화증 치료 • 부인과 : 생리 장애, 생리통에 효과적 • 비뇨기 : 요산, 독소 제거를 촉진하고 이뇨 작용이 있어 비뇨기계 감염, 신장결석, 방광염 등에 효과 • 근육계 : 관절, 통풍, 류머티즘에 특효 • 기　타 : 간장 보호, 전신 피로 해소
주의점	신장이 심하게 손상된 환자는 증상을 더 악화시킬 수 있으므로 주니퍼 베리 대신 사이프러스, 제라늄을 사용하는 것이 좋다.

※ 반려동물에게 적용시 효과와 약리학적 효과 Tip

★ 주요성분

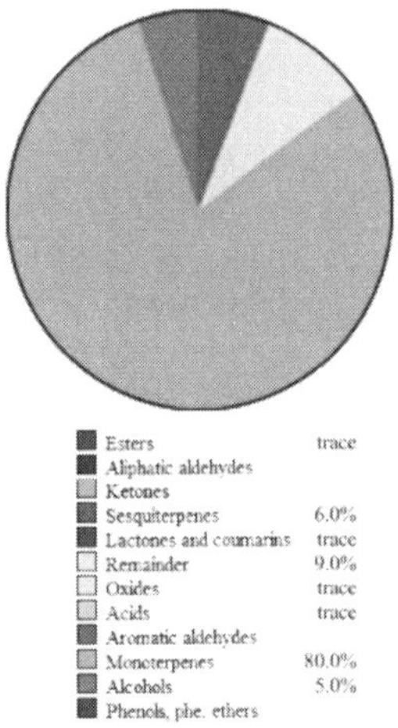

★ 학명	Juniperus communis
★ 과명	측백나무과 Cupressaceae
★ 추출법	수증기 증류법
★ 반려동물적용	심리적 : 마음을 정화시키고, 스트레스로 인한 긴장 완화, 신경성 긴장 압박감과 불안감 감소, 신경 및 감정적 피로감 해소 근골격계 : 몸을 따뜻하게 해 근육을 이완, 근육피로, 경련 감소 관절염 류머티즘, 통풍의 통증 감소 순환계 : 셀룰라이트감소 비뇨계 : 살균, 이뇨, 독소배출 (강한 이뇨작용으로 신장질환이 있을 경우 사용금지) 피부 : 독소배출을 통해 여드름, 지성피부에 유용. 습진, 건선에 효과
★ 약리학적효과	Analgenic, Anti-septic, Anti-spasmodic, Detoxifying, Emmenagogue relaxing, Sedative,Depurative, Diuretic, Tonic, Warming, Stimulant

23) 진저 (Ginger)

학명	*Zingiber officinale*
원산지	중국, 인도, 말레이시아
추출 부위	뿌리줄기
휘발성	중향
향기	따뜻하고 향긋한 감귤 향, 캠퍼 향, 매콤하고 날카로운 향
성분	zingiberene, camphene, citronellol, linalool
특성	생활 속에서 쉽게 접할 수 있는 아로마 향으로, 강장, 흥분, 진통, 해열 등의 작용을 하며 간을 보호한다. 약물이나 허브의 흡수력을 증가시키며, 식품, 음료, 약품 등에 사용된다.

적용	• 정　서 : 흥분 · 자극 효과, 우울증 치료, 기억력 자극, 피로 회복 • 소화기 : 위통 · 소화불량 · 가스 찬 데 · 식욕부진 등 소화 장애 해소, 설사 · 구토증 · 괴혈병 치료 • 호흡기 : 감기, 콧물, 편도선염 • 비뇨기 : 성욕 감퇴 · 남성 무력증 치료 • 근육계 : 류머티즘 통증 완화, 근육 강화 • 기　타 : 혈압을 조절하고 땀을 흘리게 함
주의점	민감한 피부를 자극한다.
동물	멀미가 심한 반려 동물에게 사용하면 좋다. 소화를 촉진하며, 반려 동물이 뼈를 접지르거나, 형성 장애(즉, 발육이상) 및 관절염 등의 치료를 위해 Ginger essential oil을 이용해 마사지를 해줘도 좋다.

24) 캐머마일 로먼 (Chamomile Roman)

학명	*Chamaemelum nobile*
원산지	프랑스, 모로코, 스페인, 이집트
추출 부위	꽃
휘발성	중향
향기	가볍고 날카로우며 사과 향과 유사
성분	ester(85%), azulene, pinocarvone, sabinene
특성	가장 오래된 의료용 식물로 알려져 있으며, 캐머마일 종류 중 가장 많이 쓰이는 향으로 독성은 강하지 않지만 다양한 치료 효과가 있다. 특히 어린이에게 적합한 오일이다.
적용	• 정　서 : 진정 이완 작용이 있어 불안감 · 스트레스 · 우울 · 히스테리 증세 완화, 두통 · 신경통 · 불면 · 소아지랄증을 진정시킴 • 피　부 : 진정 · 방부 효과, 과민성 혹은 건성 피부에 적합함. 항염증 작용을 하는 아줄렌 성분이 들어 있어 여드름 · 습진 · 기저귀 습진 · 화상 등 피부 염증에 효과 • 소화기 : 설사 · 변비 · 소화불량 · 가스 찬 데 · 복통 등 해소, 식욕촉진 • 부인과 : 불규칙한 생리, 생리통에 효과, 폐경기 증후군 완화 • 근　육 : 진정 및 진통 해소 작용으로 근육통 · 쥐난 데 · 육체적 피로 · 류머티즘성관절염 등 염증과 통증 완화
주의점	과다 사용 시 피부 자극을 줄 수 있다.

※ 반려동물에게 적용시 효과와 약리학적 효과 Tip

★ 주요성분

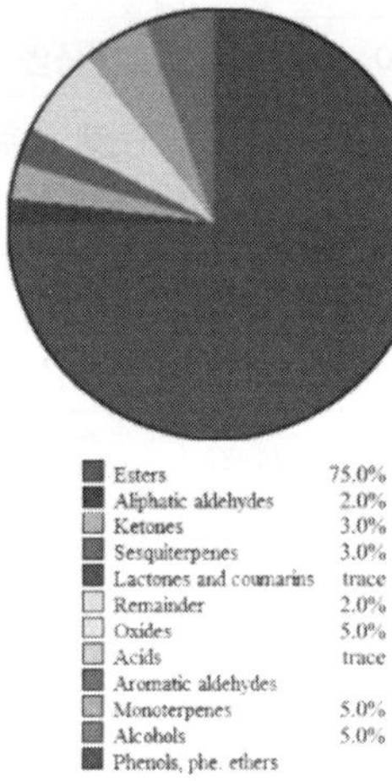

★ 학명	Anthemis nobilis
★ 과명	국화과 Compositae
★ 추출법	수증기 증류법
★ 반려동물적용	심리적 : 스트레스, 불안감, 우울증, 분노, 좌절감 완화에 효과적 과잉행동장애, 문제행동, 자해행동에 뛰어난 효과 근골격계 : 경련, 저림증상, 요통, 관절염 등의 염증완화 소화계 : 소화불량, 신경성 소화불량 비뇨계 : 방광염과 비뇨기계 감염증상 완화 피부 : 피부염, 습진, 건선, 아토피, 더디게 낫는 상처, 알러지
★ 약리학적효과	Analgegic, Anti-inflammatory, Anti-septic, Anti-spasmodic Bectericidal, Calming , Carminative, Digestive, Emmenagogue Sedative, Tonic, Vulnerary

25) 캐머마일 저먼 (Chamomile German)

학명	*Metricaria recutita*
원산지	프랑스, 모로코, 스페인, 이집트
추출 부위	꽃의 꽃잎
휘발성	중향
향기	깊은 향, 부드러우며, 숲의 향, 따뜻하며, balsamic(짙은 파란색)
성분	chamazulene, farnesene, bisabolol, cadinene
특성	항염증(특히 소염), 항통증, 진통, 항경련, 항우울증, 항빈혈, 방부, 해열, 발한 효과, 간기능 강화, 백혈구 생산 촉진, 상처 치료 등의 효과가 있으며 향수, 화장용, 약용으로 이용된다.
적용	• 정　서 : 우울, 불면, 불안, 히스테리, 분노, 과민증 등 해소, 소아지랄증 등의 신경 장애 치료 • 피　부 : 상처, 화상, 뾰루지, 두드러기, 피부염, 피부질환에 효과 • 소화기 : 위통, 위장염 등 소화 장애, 위와 장의 궤양, 산통(疝痛), 대장염 치료 • 순환기 : 빈혈, 현훈(뇌출혈로 인한 현기증) 치료 • 부인과 : 생리 작용 조절, 질염, 폐경기, 외음부소양증 등 • 치　과 : 치통, 치주염 완화 • 그 밖에 신경통, 두통, 편두통, 귀 통증 등 통증 완화, 결막염 등의 염증 치료, 류머티즘, 경련, 간과 비장 충혈 치료
주의점	통경 작용이 있으므로 임신 초기의 수개월 동안은 사용을 피한다. 민감한 피부에 피부염을 일으킬 수 있다.
동물	반드시 희석된 상태로 사용해야하며 효과가 좋다. 피부 진정 및 소염제로 작용한다.

※ 반려동물에게 적용시 효과와 약리학적 효과 Tip

★ 주요성분

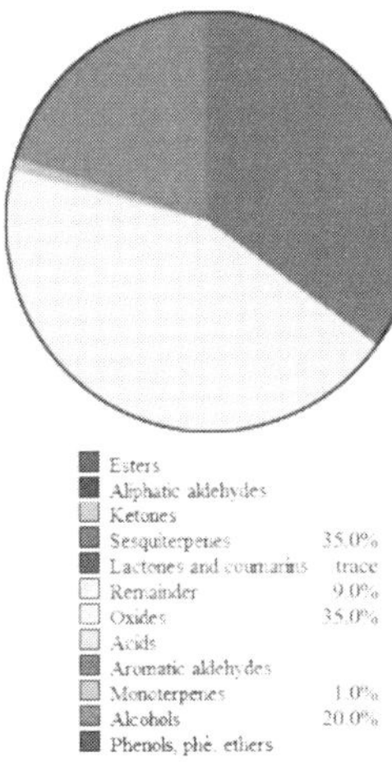

★ 학명	Matricaria Chamomile
★ 과명	국화과 Compositae
★ 추출법	수증기 증류법
★ 반려동물적용	심리적 : 이완 효과로 분노, 긴장, 걱정, 근심과 불면증을 완화 근골격계 : 관절의 결림과 치통 완화, 근육통증 특히 요통완화 뛰어난 항염작용으로 염증을 완화 소화계 : 장운동을 정상화시키고 소화불량, 구토, 신경성 대장증상 완화 면역계 : 전신의 면역을 자극하여 항상성을 유지 피부 : 알러지, 멍, 습진, 건선
★ 약리학적효과	Analgegic, Anti-allergic, Anti-inflammatory, Anti-septic Carminative , Calming , Emmenagogue, Relaxing Sedative, Vulnerary

26) 티 트리 (Tea tree)

학명	*Melaleuca alternifolia*
원산지	오스트렐리아
추출 부위	잎
휘발성	상향
향기	유칼립투스와 유사하지만 더 부드러운 향
성분	terpinene, terpinolene, 1.8-cineole, terpenen-4-01, cadinene
특성	강력한 방부 효과가 있으나 독성이 없고 알레르기 등 부작용을 일으키지 않는다. 박테리아·바이러스·곰팡이 박멸 및 면역기능 강화, 항생·가려움 제거·해충·거담 효과 등이 있고, 강심제, 반흔 제거제, 흥분제 등으로 이용된다.
적용	• 정 서 : 쇼크 후의 회복 • 피 부 : 시원한 느낌으로 피부 정화 작용, 항곰팡이 작용, 종기·화농성 피부·여드름 치료, 화상·햇볕에 그을린 피부 진정 효과, 방사선 치료로 인한 피부 화상 방지, 발톱염증·무좀·습진·사마귀·헤르페스·비듬·기저귀 발진 치료 • 소화기 : 입속 궤양·설사·위장염 치료 • 호흡기 : 감기·목감기·편도선염·기관지염·폐렴·가슴기침·축농증 치료 • 비뇨기 : 요도관 염증, 방광염, 질염, 항문소양증, 칸디다병, 트리코모나스 감염증 등 생식기 감염 치료 • 기 타 : 백혈구 활동 증가, 독소 배출, 염증 제거, AIDS의 면역 기능 강화에 도움 수술 전 티 트리로 마사지를 하면 면역기능이 강화되어 수술 후 쇼크 방지 및 회복 속도를 빠르게 해줌, 재발되는 바이러스와 곰팡이균 제거, 유방암 방사선 치료 때 합병증 방지
주의점	피부에 자극을 줄 수 있다.

※ 반려동물에게 적용시 효과와 약리학적 효과 Tip

★ 주요성분

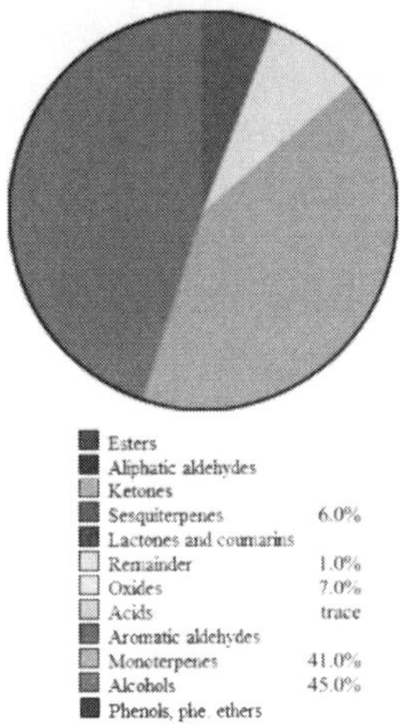

★ 학명	Melaleuca alternifolia
★ 과명	도금양과 Myrtaceae
★ 추출법	수증기 증류법
★ 반려동물적용	심리적 : 마음에 상쾌함과 활력을 주며 자신감을 갖게 해줌
	호흡계 : 강력한 살균효과로 기침 천식, 기관지염, 부비강염에 효과적
	비뇨계 : 살균효과로 감염증상(냉대하, 요로감염등)에 효과적
	면역계 : 매우 강력한 면역자극제, 전염병에 대한 신체면역력을 높임
	피부 : 곰팡이와 바이러스 감염 증상에 효과적 여드름, 염증, 무좀
	입주변의 단순포진, 벌레 물린데 효과적
	알콜의 20배 이상의 살균소독효과
	순수한 고품질의 티트리를 사용하거나 아주 단기간 희석 사용을 권한다.
★ 약리학적효과	Anti-Bacterial, Anti-inflammatory, Anti-septic, Anti-fungal Anti-microbial, Anti-viral, Cooling, Expectorant, Vulnerary Immune system tonic, Bactericidal

27) 팔마로사 (Palmarosa)

학명	*Cymbopogon martinii*
원산지	인도, 코모로 제도
추출 부위	잎
휘발성	중향
향기	달콤하며 장미 향이 가미된 다소 무미건조한 꽃향
성분	linalool, geraniol, geraryl acetate, neryl formiate, elemol
특성	방부와 세포 자극 효과가 있어 향균, 해열 소화 촉진, 살균, 세포 성장 등에 좋다.
적용	• 정 서 : 무력증 치료 • 피 부 : 주름살과 여드름 제거 등 피부의 생리적 균형 유지, 즉각적인 진정·재생 효과, 건성 피부 보습에 효과적 • 소화기 : 강장제로서 장내 세균 제거, 위 근육 강화, 식욕 촉진, 소화기능 촉진, 수분 균형 회복, 설사 진정 효과 • 기 타 : 체온 저하 효과
주의점	민감성 피부에 자극을 줄 수 있다.

※ 반려동물에게 적용시 효과와 약리학적 효과 Tip

★ 주요성분

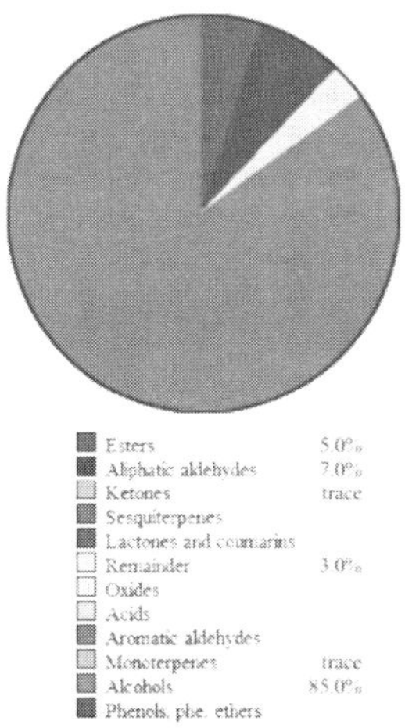

★ 학명 cymbopogon martini

★ 과명 벼과 Gramineae

★ 추출법 수증기 증류법

★ 반려동물적용
심리적 : 머리를 맑게 해주어 정신적인 소진과 스트레스에 효과적
폭발직전의 격앙된 상태나 이성을 잃었을 때 진정효과
소화계 : 일반적인 소화장애, 식욕을 자극함
근골격계 : 관절 통증 완화
신체에 과도한 열을 낮추어 항바이러스 작용 감기와 열병에 효과적
피부 : 여드름, 무좀, 욕창, 잘낫지않는 상처, 가벼운 감염에 효과적
피부재생과 보습에 효과적
피부염이나 피부트러블에 라벤더, 네롤리등과 같이 쓰임

★ 약리학적효과 Anti-viral, Anti-septic , Anti-microbial , Bactericidal , Calming Anti-fungal

28) 페퍼민트 (Peppermint)

학명	*Mentha piperita*
원산지	북아메리카, 유럽, 오스트렐리아, 남프랑스
추출 부위	잎
휘발성	중향
향기	가볍고 깨끗하고 신선한 향
성분	menthol, limonene, menthone, cineole, menthyl acetate
특성	심신에 활력을 주고 소화기관을 강화시키는 오일로 방충제로도 쓰인다.
적용	• 정　서 : 자극·강화 효과가 있어 기분을 상승시키고 특히 쇼크 치료에 효과적, 신경통·신경쇠약·두통·편두통 해소, 불면증 치료 • 피　부 : 시원한 느낌을 주며 세정 작용을 함, 가려움증·염증·출혈에 효과, 진정 효과, 지성 피부를 조절해 줌 • 소화기 : 통증 완화·진정 작용이 있어 위산과다·속쓰림·설사·소화불량·가스 찬 것을 해소, 멀미와 오심 완화, 구취 제거 • 순환기 : 치질 치료, 정맥류 • 호흡기 : 방부·통증 완화 작용, 객담과 기침 해소, 부비강염·인후염·천식·기관지염 치료 • 부인과 : 생리 조절, 얼굴 홍조 해소
주의점	지나치게 농축해서 사용하면 가려움을 유발할 수 있다. 반드시 희석해서 사용하고 흡입시에는 눈을 가린다. 간질 환자나 신경 질환자는 사용을 금한다.

※ 반려동물에게 적용시 효과와 약리학적 효과 Tip

★ 주요성분

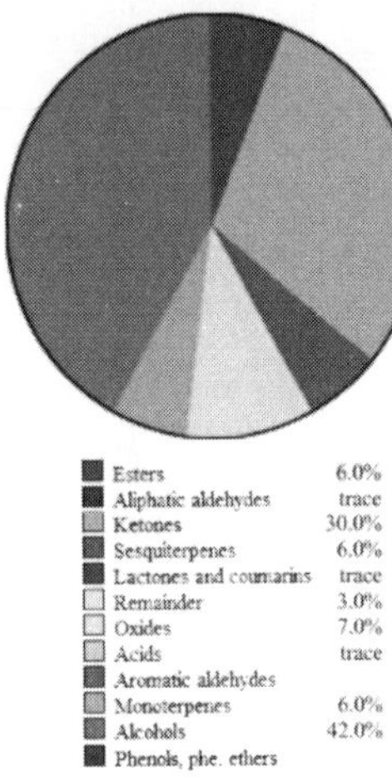

★ 학명	Mentha piperita
★ 과명	꿀풀과 Labiatae
★ 추출법	수증기 증류법
★ 반려동물적용	심리적 : 집중력 향상, 두통 편두통 완화. 우울증, 분노 히스테리에 효과 소화계 : 장내 가스제거를 돕고 구토, 메스꺼움, 멀미, 소화불량에 효과 호흡계 : 코맞힘, 감기, 발한작용(체온을 낮춤) 근골격계 : Warming 와 Cooling 효과로 근육통으로 인한 통증 완화 피부 : 혈관축소로 염증, 가려움증을 완화 화상이나 Sun-Burn에 효과 적이며 벌레 물린 곳에도 효과적 모기, 진드기, 개미등의 해충 기피효과
★ 약리학적효과	Anti-pruritic, Anti-septic, Anti-spasmodic, Anti-viral, Carminative Diaphoretic, Choleretic, Hepatic, Anti-emetic, Uterine relaxant Cooling

29) 프랑킨센스 (Frankincense)

학명	*Boswellia carteri*
원산지	소말리아, 에티오피아 등의 북동아프리카, 동남아시아
추출 부위	수지
휘발성	하향
향기	발삼 향, 캠퍼 향, 스파이시 향, 나무 향, 약한 레몬 향
성분	pinene, borneol, limonene, sabinene, thujene
특성	강장, 구풍, 반흔 치료, 세포 성장 촉진, 소독・소화 촉진, 수렴・이뇨・자궁 강・진정 작용을 한다. 화장품이나 향수용으로 사용되며 다른 향과 잘 섞이는 성질이 있다. 금과 동일하게 고가품으로 거래되었고, 무역전쟁을 일으킬 만큼 중요한 교역 물품이었다.
적용	• 정　서 : 기분을 고양시키고 위로・위안 효과, 과거와 연결된 심리적 불안과 강박관념 상태에 효과 • 피　부 : 주름 제거, 노화된 피부 회복, 창상・종기・궤양・염증 등에 효과 • 호흡기 : 기침・천식・기관지염・후두염 등 호흡기 장애 완화 • 부인과 : 유방염, 자궁 질환 및 임신, 출산과 같은 부인과 질환에 효과 • 비뇨기 : 요도의 염증과 질병 치료 • 기　타 : 카타르(점액질이 많아지는 증상)에 효과
주의점	인체에 비교적 해가 없는 안정적 오일이다.

※ 반려동물에게 적용시 효과와 약리학적 효과 Tip

★ 주요성분

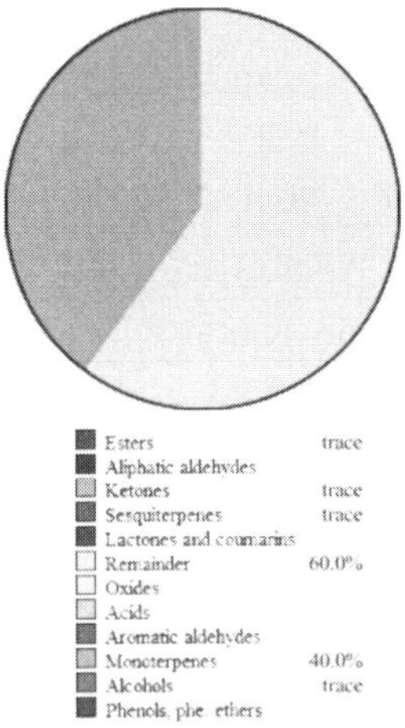

★ 학명	Boswellia carteri
★ 과명	감람과 Burseraceae
★ 추출법	수증기 증류법
★ 반려동물적용	심리적 : 명상오일로 많이 사용되며 과거에 대한 집착, 분노나 강박 관념에 사로잡혔을 때 편안함을 준다. 우울증과 산후우울증에 효과적 호흡계 : 천식, 기관지염, 기침을 완화시키고 가래등의 점액을 제거하고 호흡을 편하게 면역계 : 자연치유력을 높이고 면역증강에 도움 소화기계 : 소화불량 피부 : 노화된 피부에 재생효과, 상처나 염증에도 효과적
★ 약리학적효과	Anti-septic, Astringent , Anti-microbial , Expectorant Anti-inflammatory, Bactericidal, Calming, Mucolytic, Relaxing Sedative

IV

펫아로마테라피 기초

학습목표

1. 펫아로마테라피 적용 원리를 이해할 수 있다.
2. 반려동물에게 아로마테라피 방법을 적용할 수 있다.

1. 펫아로마테라피 기초

1) 반려동물 아로마테라피 적용 원리

펫아로마테라피는 자기 방어적 기능 향상에 목적을 두고 행동 심리 면역학적 방어기능에 의해 건지강 유지 관리를 잘 할 수 있도록 도와준다.

최근에는 반려동물과의 교감과 소통을 우한 방법으로 아로마테라피 방법을 사용하고 있다. 아로마테라피를 통해 반려동물과의 올바른 교감을 형성하고 동물이 스스로 통증완화 시 필요한 뇌 화학물질을 생성하는데 영향을 주고 질병에 대한 방어영향을 준다. 또한 아로마테라피는 동물의 스트레스나 심리적인 문제를 감소시켜주고 아로마오일의 화학적 작용으로 인하여 질병관리를 향상시킬 수 있다.

2) 펫아로마테라피에 활용되는 치료방법

(1) 마사지법

후각이 뛰어난 동물에서 마사지는 향기요법의 꽃이라고 할 정도로 가장 효과적인 방법이다. 제대로 된 마사지는 반려동물의 긴장을 이완시켜주고, 정신을 맑게 하는데 효과적이다. 이때 아로마 에센셜 오일을 사용하면 더 큰 시너지 효과를 기대할 수 있다.

(2) 흡입법

후각이 뛰어난 동물에서 코로 에센셜 오일의 향을 들이마심으로써 효과를 얻는 흡입법은 가장 편하고 쉽게 사용할 수 있는 방법이다. 이따 흡수된 오일 입자는 대부분 즉시 증상을 완화시킨다. 또한 흡입법은 정신이나 감정에 영향을 주며 바이러스의 성장을 막고 박테리아를 제거 시켜주며, 통증완화와 거담작용을 한다.

최근에는 램프를 이용한 램프확산법을 사용하는데 이 때 아로마테라피용 램프에 오일을 희석하여 넣어 사용하면 좋다

(3) 목욕법

반려동물에서 목욕법은 가정에서 가장 효과적으로 응용할 수 있는 방법이다. 아로마테라피를 처음 적용하는 사람들에게 적당한 온도에 아로마를 떨어뜨려 사용하는 이 목욕법은 가장 쉬운 방법으로 사용할 수 있다.

아로마는 물에서의 확산이 빠르기 때문에 알맞은 블랜딩만 하게 되면 좋을 효과를 가져올 수 있다.

(4) 습포법

습포법은 전신 마사지가 여의치 않을 때 신체 각 부위별로 찜질을 해주는 것을 말한다. 통증이 있는 부위를 집중적으로 찜질하는 방법으로 혈액순환을 개선해주고, 통증완화, 염증 개선에 효과적이다. 적당한 온도의 물에 적신 수건에 에센셜 오일을 1-2 방울 정도 떨어뜨려 동물의 통증부위에 감싸 주면 된다. 지속적인 관리를 해주면 효과적이다.

2. 반려동물 아로마테라피 DIY

(1) 고양이 벼룩 방지 스프레이(240ml의 hydrosol을 만들기)

표 2-5 고양이 벼룩 방지 스프레이 만들기 준비물

1. 60 ml – Lavender, Lavandula angustifolia, hydrosol
2. 30 ml – Geranium, Pelargonium graveolens, hydorsol
3. 30 ml – Grain Alcohol
4. 120 ml – 증류된 물

갈색 병에 넣어서 보관하고 잘 흔들어서 사용한다. 고양이에게 매일 분사 시켜 주거나(직접적으로, 아니면 당신의 손을 이용해 뿌려주거나) 또는 고양이의 털에 hydrosol을 마사지 해주면 된다.

(2) 발바닥 케어

많은 반려동물의 발바닥은 건조해 지고, 갈라집니다. 특히나 실외에서 생활하는 고양이에게 자주 일어나는 일입니다. 바닥이 갈라지거나 상처가 났다면 hydrosol을 이용해 상처 난 부분을 소독하고, 고통을 완화할 수 있고, 더불어 염증 및 가려움 등을 없앨 수 있습니다.

표 2-6 hydrosol을 이용한 소독연고 만들기 준비물

- 고양이 상처 치료 연고(120ml)
- 30 ml – Hazelnut oil
- 30 ml – Olive oil
- 14 g – Beeswax
- 30 ml – Sweet Almond oil
- 30 ml – Sunflower oil
- 14 g – Shea 버터

Q&A

◎ 펫아로마테라피란?

반려동물에게 자연의 감각을 일깨워 주고 스스로 자기 몸의 방어적 기능을 되살리고 생활환경의 유기물로 인한 감염을 막아 주도록 관리하는 것을 말한다.

◎ 라벤더 특성

모든 피부 타입에 맞는 오일로 몸과 마음의 조화로 건강을 유지하고 회복 기능을 강화시킨다. 독성이 없고 진정 진통 정화 항경련 작용을 한다.

◎ 아로마테라피에 활용되는 방법

마사지법, 습포법, 흡입법, 목욕법이 있다.

알아둡시다

▶ 펫아로마관리사

한국동물매개심리치료학회(http://www.kaaap.org/)에서 발급하는 펫아로마관리사 자격증이 민간자격 인증을 받고 발급하고 있다. 아로마 향을 이용한 반려동물 심리 안정 유도와 이와 연계된 관련 업종에 적용이 가능하여 향후 반려동물의 안정감 증대와 건강을 향상 시키고 보호자와 반려동물간의 상호 교감을 향상하여 행복한 반려동물 문화 형성에 크게 기여할 수 있는 이색 직업으로 주목을 받고 있다. 아로마 향은 반려동물의 흥분 감소, 수면 유도 효과, 진정 효과를 유도할 수 있으며 보호자에게도 동일한 효과를 유도할 수 있다.

단원 학습 정리

1. 아로마테라피의 역사는 기원 5000년 전의 고대 이집트인으로 거슬러 올라갈 수 있다.

2. 펫아로마테라피(pet aromatherapy)는 반려동물에게 자연의 감각을 일깨워 주고 스스로 자기 몸의 방어적 기능을 되살리고 생활환경의 유기물로 인한 감염을 막아 주도록 관리하는 것을 말한다.

3. 아로마 에센셜 오일은 꽃 잎 과일뿐 아니라 뿌리, 줄기 그리고 식물의 다른 부분 등 식물의 모든 부위로부터 추출한다.

4. 아로마 에센셜 오일을 추출하는 방법으로는 증류법, 엄프라지, 솔벤트 추출법, 냉각압축법, CO_2 추출법 등이 있다. 그 중에서 약 80% 정도는 증류법에 의해 추출된다.

5. 식물성 케리어 오일은 향이 없고 증발성이 없는 식용유와 같은 끈적끈적한 성분이다. 이러한 케리어 오일 자체 성분만으로 다양한 치료효과를 나타낸다.

6. 일반적으로 살균 소독 효과를 얻기 위해 많이 사용되는 에센셜 오일은 유칼립투스, 라벤더, 네롤리, 파인, 로즈메리, 타임이 있다.

7. 일반적으로 류머티즘성 염증 억제 효과를 얻기 위해 많이 사용되는 에센셜 오일은 블랙페퍼, 캐머마일 저먼, 유칼립투스, 주니퍼 베리, 라벤터 레몬, 마조람이 있다.

8. 일반적으로 통증해소 효과를 얻기 위해 많이 사용되는 에센셜 오일은 블랙페퍼, 유칼립투스, 라벤더, 마조람, 로즈메리, 타임이 있다.

9. 일반적으로 스트레스 해소 효과를 얻기 위해 많이 사용되는 에센셜 오일은 버거못, 캐머마일 로먼, 라벤더, 네롤리, 오렌지 스위터, 샌들우드, 일랑일랑이 있다.

10. 아로마 분자는 기본적으로 탄소, 수소, 산소 원자로 구성되어 있다. 그리고 그 밖에 유황화합물, 질소화합물들이 일부 포함되어 있다.

쉬어 가기

반려동물 아로마테라피 시장

반려동물 인구가 1,000만명을 육박하는 가운데 최근 반려동물들이 질적으로 삶의 질을 높이는 데에 대한 관심이 높아지고 있다.

최근 EBS에서 방영한 '당신은 개를 키우면 안된다'라는 다큐멘터리〈하나뿐인 지구〉에서 주인과 떨어져 혼자 지내는 반려동물의 분리불안을 다뤘다. 하루의 절반 이상을 혼자 지내는 반려동물들의 불안한 마음에 견주의 책임의식을 무겁게 생각하게 해주는 방송이었다.

하지만 독신가구가 늘어나고 직장을 가진 사람들에게는 마음이 아프지만 피할 수 없는 상황이기도 하다. '매일 누군가를 8시간 이상 기다려본 적이 있는가'라는 말에 더욱 마음이 무거워진다. 이러한 분리불안과 심리적 안정, 성격개선, 신진대사나 항균효과에 탁월한 아로마테라피에 대한 관심이 높아지고 있다.

공중파 동물관련 TV에서도 수차례 아로마에 대한 반려동물의 행동교정, 심리치료, 주인과의 교감, 숙면에 대해 방송된바 있으며, 미국과 영국, 일본에서는 이미 반려동물의 아로마테라피에 대한 전문교육기관과 관련 전문 시장이 자리를 잡고 있다.

연구진들은 '반려동물들은 모공이 사람과는 다르기 때문에 피부로는 직접 흡수하지 못할 뿐만 아니라 사람보다 폐활량 및 후각감각이 다르기 때문에 사람에게 적용되는 아로마의 양으로 시도했을 경우 오히려 반려동물이 괴로워하고 해가 될 수 있다' 면서 '반드시 반려동물전용 제품을 사용해야 부작용을 방지할 수 있다.

[출처] 뉴스코리아. 2016. 1. 5.

CHAPTER 03

펫요가

Pet Yoga

Ⅰ. 펫요가 개요
Ⅱ. 펫요가 실제

펫요가(pet yoga)는 반려동물인 개와 고양이들과 요가를 보호자가 함께 하는 것으로, 펫요가를 통하여 반려동물의 적절한 운동과 신체 재활, 적절한 자극의 제공을 통하여 반려동물의 건강 향상에 크게 기여할 수 있다.

또한, 보호자와 반려동물이 공동으로 요가 자세를 구현하게 되어 보호자의 성취감 제공과 활동 과정에 스킨십을 제공하여 반려동물들이 사람들과 사회화가 촉진되며, 공격적 성향을 갖지 않도록 하기위한 예방 효과도 유도할 수 있다.

I

펫요가 개요

학습목표

1. 펫요가 정의를 알 수 있다.
2. 펫요가 효과를 이해할 수 있다.
3. 펫요가의 주의점과 금기 사항을 알 수 있다.

1. 펫요가 정의

1) 펫요가란?

펫요가(pet yoga)는 반려동물인 개와 고양이들과 요가를 보호자가 함께 하는 것을 말한다. 펫요가 활동은 반려동물을 부드럽게 마사지 해주거나, 스트레칭을 해 주거나, 요가를 함께 하는 활동을 포함하고 있다.

펫요가에서 반려동물과 그들의 주인인 보호자는 한 팀을 이루어 요가 활동을 한다. 서로 같은 자세를 취하거나 마주보기 형태로, 또는 반려동물이 요가의 한 부분으로 활용되어 펫요가 활동이 수행될 수 있다.

펫요가를 통하여 반려동물의 적절한 운동과 신체 재활, 적절한 자극의 제공을 통하여 반려동물의 건강 향상에 크게 기여할 수 있다.

또한, 보호자와 반려동물이 공동으로 요가 자세를 구현하게 되어 보호자의 성취감 제공과 활동 과정에 스킨십을 제공하여 반려동물들이 사람들과 사회화가 촉진되며, 공격적 성향을 갖지 않도록 하기위한 예방 효과도 유도할 수 있다.

펫요가는 펫아로마테라피, 펫마사지, 펫뮤직테라피를 함께 병행 수행하여 시너지 효과를 얻을 수도 있다.

> 펫요가(pet yoga)는 반려동물인 개와 고양이들과 요가를 보호자가 함께 하는 것을 말한다. 펫요가를 통하여 반려동물의 적절한 운동과 신체 재활, 적절한 자극의 제공을 통하여 반려동물의 건강 향상에 크게 기여할 수 있다.

2. 펫요가의 효과와 기여점

펫요가는 반려동물들의 건강에 유익한 효과가 있을 뿐 아니라, 보호자들의 정신건강 향상과 반려동물과의 반려감 상승에도 큰 도움을 준다.

펫요가를 통하여 보호자들은 그들의 반려동물과 일체감을 보다 크게 느낄 수 있다. 이러한 반려동물과 그들의 파트너인 주인과의 유대감 결속력 강화는 보다 행복한 삶의 질을 반려동물과 주인 양자에 제공할 수 있다.

표 3-1 펫요가의 효과

1. 반려동물의 근육이완과 긴장완화 효과를 제공하여 건강을 향상시킬 수 있음.
2. 마음을 보는 것으로 알려진 '제3의 눈' 에너지 수준을 높이고 보호자와 반려동물의 마음을 서로 교환하는 효과를 얻을 수 있음.
3. 보호자에게 삶의 에너지를 높일 수 있음
4. 반려동물과 함께할 수 있는 요가 자세를 배울 수 있음.
5. 별도의 장비를 추가로 마련하지 않아도 됨. 좁은 공간에서도 활동이 가능함.
6. 반려동물에게 불안을 감소시키고 안정감을 제공할 수 있음.
7. 마음의 중심을 잡는 에너지 활성 효과를 얻을 수 있음.

표 3-2 펫요가의 기여점

1. 펫요가는 반려동물의 적절한 운동과 신체 재활에 도움을 줄 수 있다.
2. 펫요가는 적절한 자극의 제공을 통하여 반려동물의 건강 향상에 크게 기여할 수 있다.
3. 펫요가는 보호자의 성취감 제공과 활동 과정에 스킨십을 제공하여 동물과 보호자 간의 교감 향상에 기여할 수 있다.
4. 반려동물과 그들의 파트너인 주인과의 유대감 결속력 강화는 보다 행복한 삶의 질을 반려동물과 주인 양자에 제공할 수 있다.
5. 반려동물들이 사람들과 사회화가 촉진되며, 공격적 성향을 갖지 않도록 하기위한 예방 효과도 유도할 수 있다.

3. 펫요가의 주의점

펫요가는 동물복지가 우선적으로 고려되어야 한다. 펫요가 지도 강사들은 일정한 자격을 갖추어야 하며, 모든 펫요가 활동은 동물복지를 침해하여 참여하는 반려동물들이 고통을 받지 않도록 미리 철저한 검토를 받아야 한다.

반려동물은 말을 할 수 없기 때문에 펫요가 활동 중 일부가 반려동물이 하기 힘들거나 통증을 유발하는 일은 없는지 주의 깊게 검토하여야 하며 반드시 자격을 갖춘 펫요가지도사의 지도를 받아야 한다.

요가 자세는 여러 가지 어려운 동작을 취해야 하는 경우가 발생하여 고난이도 요가 자세는 동물학대 문제가 발생할 수 있다. 따라서 펫요가는 펫요가지도사의 전문적 지도에 따라 동물복지 가이드라인을 철저히 준수하면서 반려동물과 함께하는 즐거운 교감활동으로 수행되어야 한다.

4. 펫요가지도사

한국동물매개심리치료학회(http://www.kaaap.org/)에서 발급하는 펫요가지도사 자격증이 민간자격 인증을 받고 발급하고 있다.

국내의 펫요가는 향후 반려동물의 건강을 향상 시키고 보호자와 반려동물간의 행복하고 즐거운 경험을 공유하게 하여 건전한 반려동물 문화 형성에 크게 기여할 수 있는 이색 직업으로 주목을 받고 있다.

펫요가는 펫아로마테라피, 펫마사지, 펫뮤직테라피를 함께 병행 수행하여 시너지 효과를 얻을 수도 있다.

표 3-3 펫요가지도사의 SWOT 분석

강점(Strength)	**약점**(Weakness)
• 반려동물과 즐거운 놀이 활동 • 반려동물 스트레스 감소 • 반려동물 복지 향상 • 반려동물과 보호자 상호교감 증대 • 보호자 지도 교육 가능 • 펫요가센터 운영 가능 • 펫아로마테라피, 펫마사지, 펫뮤직테라피와 시너지 가능 • 다양한 진로 선택 가능	• 과도한 요가 자세는 동물학대로 분류됨 • 동물복지 가이드라인 준수 필요 • 요가, 반려동물 생리학, 반려동물행동학, 동물질병학에 대한 다학제적 전문지식 습득 필요 • 풍부한 임상 경험 필요 • 요가에 대한 전문 지식 필요
기회(Opportunity)	**위협**(Threat)
• 반려동물 사육 인구 증가 • 대체요법에 대한 인식 증가 • 반려동물과 보호자 상호교감 필요성 증대 • 반려동물에 대한 스트레스 감소 요구 증대 • 보호자의 반려동물 관련 학습 욕구 증대	• 펫요가지도사 담당 역할에 대한 제도화 필요

표 3-4 펫요가지도사의 진로

직 장	활동 내용
펫요가센터	펫요가 시술 및 관리 책임자
애견까페, 애견유치원	펫요가 전문 스텝
방문관리	가정 방문하여 펫요가 시술 및 보호자 교육
교육 강의 및 컨설팅	펫요가에 관한 특강 및 교육 프로그램 운영
진학	동물매개치료 및 동물행동상담 관련 대학원 진학

펫요가지도사란?

- 펫요가지도사는 한국동물매개심리치료학회(http://www.kaaap.org/)에서 발급하는 펫요가지도사 자격증을 취득한 자로서, 반려동물인 개와 고양이들과 요가를 보호자가 함께 할 수 있도록 지도하여 반려동물의 적절한 운동과 신체 재활, 적절한 자극의 제공을 할 수 있도록 프로그램을 설계하고 지도하는 전문가이다.
- 요가 자세는 여러 가지 어려운 동작을 취해야 하는 경우가 발생하여 고난이도 요가 자세는 동물학대 문제가 발생할 수 있다. 따라서 펫요가는 펫요가지도사의 전문적 지도에 따라 동물복지 가이드라인을 철저히 준수하면서 반려동물과 함께하는 즐거운 교감활동으로 수행되어야 한다.

- 한국동물매개심리치료학회(www.kaaap.org) -

II

펫요가 실제

학습목표

1. 펫요가 정의를 알 수 있다.
2. 펫요가 효과를 이해할 수 있다.
3. 펫요가의 주의점과 금기 사항을 알 수 있다.

1. 펫요가 준비

1) 눈 맞춤

반려동물과 사랑스러운 눈빛으로 눈 맞춤을 한다. 2015년 4월 최고 과학 학회지인 '사이언스'에 일본 아자부 대학의 연구 결과가 논문으로 게재 되었는데, 반려동물과의 눈 맞춤은 주인과 반려동물 둘 다에 애정 호르몬 옥시토신 수치를 높인다는 것을 확인한 결과였다.

[출처] SCIENCE, 348 (6232):333~336, 17 APRIL 2015

그림 3-1 '반려견과 눈 맞춤'에 의한 애정 호르몬 증가 효과

쓰다듬기나 안아주는 활동 보다 눈 맞춤 활동이 애정 호르몬 옥시토신 수치가 가장 높은 것으로 미루어 반려동물과의 따뜻한 눈 맞춤이 사람과 동물 모두에 사랑받는다는 행복감을 가장 높일 수 있고 심리적 안정감을 유도할 수 있어 결과적으로 치유 효과를 얻을 수 있다.

펫요가를 시작하기 전 준비자세로 반려동물과의 눈 맞춤을 2~3분 하도록 한다.

[출처] SCIENCE, 348 (6232):280~281. 17 APRIL 2015

그림 3-2 '눈 맞춤'에 의한 반려견과 주인 쌍방의 옥시토신 증가와 애정 증가

2) 심장 소리 듣기

가상의 상대와 대화하더라도 상대방의 심장소리가 들리면 서로 눈을 맞추고 직접 대화하는 것과 같은 효과가 있다는 연구결과가 나왔다.

네덜란드 아인트호벤 공과대학 요리스 얀센 박사팀은 디지털 커뮤니케이션에서 사람들 사이의 관계를 개선시킬 방법을 알아보기 위해 가상의 환경에서 가상의 파트너와 대화를 하도록 하고 상대방에 대해 느끼는 친밀감을 측정했다.

그 결과 아무런 장치 없이 가상의 상대를 대할 때보다 자연적인 심장박동소리를 들려줬을 때 더 친밀감을 느끼는 것을 발견했다. 이 때 심장박동소리의 효과는 서로 눈을 마주보고 있는 것과 같았다.

얀센 박사는 "심장박동소리를 들려줬을 때 사람들은 가상의 상대라도 그 존재를 인식하고 인간적이라고 생각해 덜 외로움을 느꼈다"며 "이는 실제 생활에서도 적용할 수 있을 것"이라고 말했다.

이 연구결과는 감성공학분야의 권위 있는 저널 '감성 컴퓨팅 작업(Transactions on Affective Computing)'에 게재됐으며 과학뉴스사이트 사이언스데일리 등이 8일 보도했다.

자연적인 심장박동 소리를 들을 때 서로 더 친밀감을 느낄 수 있다. 심장박동 소리의 효과는 서로 눈을 마주보는 효과와 같다고 한다. 반려견의 심장박동 소리를 들음으로써 반려견과 친밀감을 더 느낄 수 있고 상호 교감을 향상시킬 수 있다.

(1) 내 심장 소리 듣기

- 두 손을 내 가슴에 올려놓는다.
- 귀를 감고 편안한 마음으로 호흡하며 내 심장소리에 귀 기울여 본다.

(2) 반려동물 심장소리 듣기

- 반려동물 뒤쪽에 앉아 같은 방향을 보며 양손을 반려동물 양쪽 겨드랑이 아래 넣고 심장 박동을 느껴 본다.
- 반려동물을 편안하게 매트 위에 눕혀 놓고 반려동물의 왼쪽 가슴에 귀를 대 심장소리를 들어 본다.

(3) 양쪽 심장소리 느끼기

- 한 손을 자신의 심장 위에 두고 다른 한 손은 반려동물 왼쪽 가슴 위에 손을 얹는다.
- 서로의 심장이 하나로 연결되어 있다고 상상해 본다.
- 편안히 눈을 감고 조용히 심장 박동에 집중한다.
- 손에서 느껴지는 심장 박동을 느껴 본다.

2. 펫요가 기법

1) 아즈나 차크라(Ajina chakra) – 이마 마주 대기

- 매트 중앙에 무릎을 꿇고 반려동물과 마주보고 앉은 다음 서서히 몸을 숙여 서로 이마를 맞대고 눈을 감은 채 둘 사이에 흐르는 에너지 기운을 천천히 느껴 본다.
- 아즈나 차크라는 양쪽 눈썹 사이에 존재하는 제 3의 눈으로 알려져 있다. 이 요가 자세를 통하여 반려동물과 제3의 눈으로 마음을 서로 나눠 보도록 하자.

2) 바타 코나사나(baddha konasana) – 나비 자세

- 매트 위에서 발바닥을 마주 붙이고 나비 자세로 앉은 후, 양손으로 발끝을 잡고 몸 쪽으로 최대한 당겨 준다. 등을 바르게 펴고 무릎과 엉덩이가 바닥에서 뜨지 않게 유지해 준다.
- 숨을 마시고 내시면서 배꼽이 바닥에 닿는다는 느낌으로 몸을 천천히 앞으로 숙인다.
- 척추를 곧게 펴고 내려갈 수 있는 최대한 내려가서 호흡을 완전히 내쉰 후 잠시 자세를 유지한다.
- 호흡을 고른 후 숨을 마시면서 몸을 일으키고 호흡을 내쉬며 휴식한다.
- 반려동물과 뒤 쪽에 앉아 반려동물과 같은 곳을 바라본다.
- 반려동물 뒤 쪽에 앉아서 반려동물의 허벅지 안쪽을 감싸 쥐고 준비 동작을 한다.
- 반려동물 쪽으로 얼굴을 숙여 반려동물의 등에 얼굴을 대고 따뜻하고 부드러운 반려동물의 촉감을 느껴 본다.
- 허벅지 안쪽에 양쪽 손에서 느껴지는 반려동물의 맥박을 느껴 본다.

3) 아도 무카 사바나사나(Adho Mukha savanasana) – 개 자세

- 매트 쪽 끝에 무릎을 꿇고 앉는다.
- 숨을 내쉬며 바닥에 양손을 잡고 두 팔 사이에 머리를 넣어 정수리가 바닥을 향하게 지그시 눌러 준다. 아랫배는 척추 방향으로 끌어당겨 복부를 조여 주면 복부와 엉덩이 부분에 힘이 들어간다. 이 자세를 30초간 유지한다.
- 한 손을 반려동물의 배 쪽을 받치고 다른 한 손으로 반려동물의 어깨 쪽에 손을 올려 둔다. 반려동물의 배를 살짝 위로 들어 올리는 동시에 반려동물의 어깨를 지그시 눌러 견자세를 완성한다.
- 익숙해지면 반려동물의 같은 자세에서 뒷다리를 위로 들어 올려 주도록 한다.

4) 비달아사나(Bidalasana) – 고양이 자세

- 매트 위에 무릎을 꿇고 앉은 다음 손을 앞쪽을 짚고 준비동작을 취한다.
- 마시는 숨에 배를 보도록 쭉 내려 주고 등을 둥글게 말아 C 모양의 커브를 만들어 준다.
- 반려동물을 편안한 자세로 앞에 세워준 다음 어깨 부분을 지그시 눌러주고 배 쪽에 손을 넣어 부드러운 힘으로 C 모양의 커브를 만들어 준다. 5초 정도 자세를 유지해 준다.
- 내시는 숨에 머리는 뒤로 젖히고 엉덩이는 하늘로 치켜 올리듯 밀어주고 시선은 먼

곳을 보도록 한다. 허리를 최대한 아래로 하여 바닥 쪽으로 내려 준다.

- 이상의 동작을 3~5회 반복한다.

5) 윗몸 일으키기

- 두 다리 사이에 반려동물을 편안하게 기대도록 넣고 매트 위에 눕는다. 반려동물이 빠져나가지 못하도록 두 다리를 안쪽으로 부드럽게 힘을 주도록 한다. 반려동물이 싫어할 때는 강제로 잡아 두지 않고 함께 호흡하도록 한다.
- 손을 양쪽 귀 옆에 두고 마시는 숨에 상체를 일으켜 윗몸 일으키기를 한다. 두 다리 사이에 끼어 있는 반려동물과 눈 맞춤을 하거나 이름을 부르거나 재미있는 동작을 하도록 한다.

6) 비행기 태우기

- 매트 끝에 무릎을 세우고 앉아 반려동물 양다리 사이에 한 쪽 다리를 넣어준다. 중형, 대형견의 경우에 무게 때문에 두 다리를 넣어야 안정감이 있다.
- 반려동물이 떨어지지 않도록 양손으로 반려동물의 어깨를 잡고 등을 둥글게 말아 천천히 뒤로 눕는다. 허리와 고관절은 90도, 허벅지와 종아리도 90도 각도가 되도록 유지해 준다.
- 등을 매트에 대고 누운 상태에서 숨을 내쉬며 강아지를 위로 들어 올려 준다.
- 이상의 동작을 3회 반복한다.

7) 마무리 동작

- 요가 매트를 펴고 편안하게 눕는다.
- 반려동물을 배에 태우고 함께 호흡을 해보는 시간을 갖는다.
- 5분간 편안한 마음으로 누워 반려동물과 함께 호흡을 하며 함께 동반감을 느끼도록 한다.

Q&A

◎ **펫요가(pet yoga)란?**

펫요가(pet yoga)는 반려동물인 개와 고양이들과 요가를 보호자가 함께 하는 것을 말한다. 펫요가 활동은 반려동물을 부드럽게 마사지 해주거나, 스트레칭을 해 주거나, 요가를 함께 하는 활동을 포함하고 있다.

◎ **펫요가지도사란?**

펫요가지도사는 한국동물매개심리치료학회(http://www.kaaap.org/)에서 발급하는 펫요가지도사 자격증을 취득한 자로서, 반려동물인 개와 고양이들과 요가를 보호자가 함께 할 수 있도록 지도하여 반려동물의 적절한 운동과 신체 재활, 적절한 자극의 제공을 할 수 있도록 프로그램을 설계하고 지도하는 전문가이다.

알아둡시다

▶ **펫요가의 효과**

펫요가의 대표적은 효과는 다음과 같다.

① 반려동물의 근육이완과 긴장완화 효과를 제공하여 건강을 향상시킬 수 있다.
② 마음을 보는 것으로 알려진 '제3의 눈' 에너지 수준을 높이고 보호자와 반려동물의 마음을 서로 교환하는 효과를 얻을 수 있다.
③ 보호자에게 삶의 에너지를 높일 수 있다.
④ 반려동물과 함께할 수 있는 요가 자세를 배울 수 있다.
⑤ 별도의 장비를 추가로 마련하지 않아도 됨. 좁은 공간에서도 활동이 가능하다.
⑥ 반려동물에게 불안을 감소시키고 안정감을 제공할 수 있다.
⑦ 마음의 중심을 잡는 에너지 활성 효과를 얻을 수 있다.

단원 학습 정리

1. 펫요가(Pet yoga)는 반려동물인 개와 고양이들과 요가를 보호자가 함께 하는 것을 말한다.
2. 펫요가는 반려동물과 그들의 주인인 보호자가 한 팀을 이루어 요가 활동을 한다.
3. 펫요가는 반려동물의 적절한 운동과 신체 재활, 적절한 자극의 제공을 통해 반려동물의 건강 향상에 크게 기여한다.
4. 쓰다듬기나 안아주는 활동 보다 눈 맞춤 활동이 애정 호르몬 옥시토신 수치가 가장 높은 것으로 미루어 반려동물과의 따뜻한 눈 맞춤이 사람과 동물 모두에 사랑 받는다는 행복감을 가장 높일 수 있고 심리적 안정감을 유도할 수 있어 결과적으로 치유 효과를 얻을 수 있다.
5. 펫요가는 펫아로마테라피, 펫마사지, 펫뮤직테라피를 함께 병행 수행하면 시너지 효과를 얻을 수 있다.
6. 펫요가는 동물복지가 우선적으로 고려되어야 한다. 요가 자세는 여러 가지 어려운 동작을 취해야 하는 경우가 발생하여 고난이도 요가 자세는 동물학대 문제가 발생할 수 있기 때문이다.
7. 반려동물은 말을 할 수 없기 때문에 펫요가 활동 중 일부가 반려동물이 하기 힘들거나 통증을 유발하는 일은 없는지 주의 깊게 검토하여야 하며 반드시 자격을 갖춘 펫요가지도사의 지도를 받아야 한다.
8. 펫요가지도사는 한국동물매개심리치료학회에서 발급하는 펫요가지도사 자격증을 취득한 자로서, 반려동물인 개와 고양이들과 요가를 보호자가 함께 할 수 있도록 지도하여 프로그램을 설계하고 지도하는 전문가이다.

쉬어 가기

반려견과 함께 요가 세계 신기록

홍콩 시민 270명이 반려견과 함께 요가하는 모습이 인터넷에 게시되 네티즌들의 눈길을 끌었다.

로이터 등 외신들은 지난 18일(현지시간) 홍콩에서 열린 반려견과 함께 하는 요가인 '도가(Doga)' 수업에 270명의 반려동물 보호자들이 참여했다고 보도했다.

남아프리카 공화국 출신 슈제트 에커가 진행한 이번 도가 수업은 1시간가량 진행됐으며, 주인과 반려견이 호흡을 맞춰 함께 할 수 있는 다양한 포즈들을 취했다.

수업에 참가한 시민은 언론과의 인터뷰에서 "반려견과 한층 더 친밀해진 것 같아 좋았다"고 밝혔다.

한편 홍콩에서 열린 이번 도가 수업은 '단체 개 요가' 부문에서 세계 신기록을 세웠다.

네티즌들은 "장관이다", "강아지들은 아마 매우 불편했을 텐데", "정말 놀랍다, 홍콩에도 애견인이 많구나", "신기하지만 좋아 보이지는 않는다" 등의 반응을 보였다.

[출처] 뉴스1. 2016. 1. 23.

memo

CHAPTER 04

펫마사지테라피

Introduction of Pet Health Therapy

Ⅰ. 펫마사지 개요
Ⅱ. 펫마사지 기술
Ⅲ. 펫마사지 실제
Ⅳ. 기능별 마사지

펫마사지(pet massage)는 반려동물인 개와 고양이들에게 마사지를 해 주는 것이다. 펫마사지를 통하여 반려동물에게 휴식을 줄 수 있고, 스킨십을 제공하여 반려동물들이 사람들과 사회화가 촉진되며, 공격적 성향을 갖지 않도록 하기위한 예방 효과도 유도할 수 있다.

펫마사지는 아동들에게는 반려동물들의 신체에 대한 구조를 알려주며 사람과 다른 인간들이 보호해야 하는 존재임을 가르칠 수 있다. 펫마사지는 동물들의 건강에 유익한 효과가 있을 뿐 아니라, 보호자들의 정신건강 향상과 반려동물과의 반려감 상승에도 큰 도움을 준다.

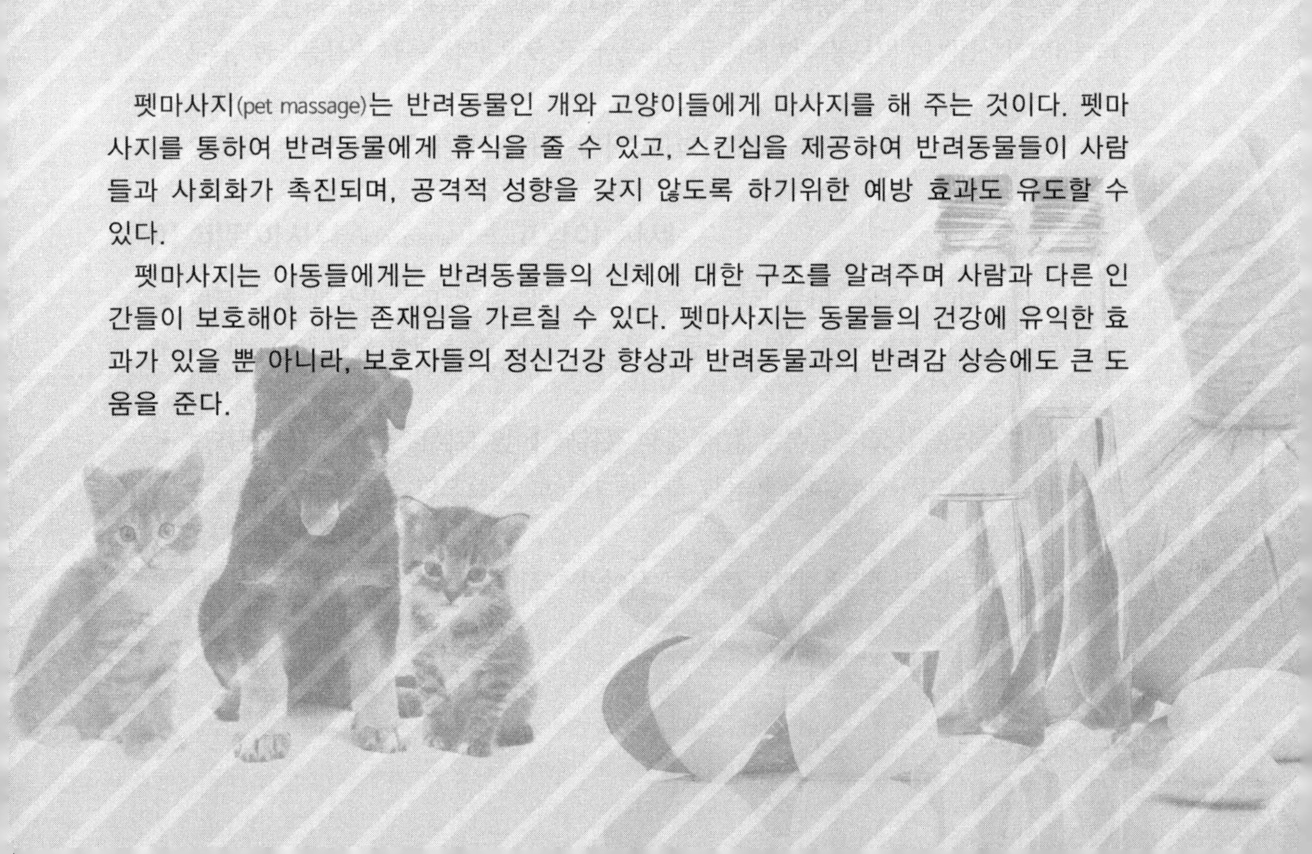

I

펫마사지 개요

학습목표

1. 펫마사지 정의를 알 수 있다.
2. 펫마사지 효과를 이해할 수 있다.
3. 펫마사지의 주의점과 금기 사항을 알 수 있다.

1. 펫마사지테라피 정의

1) 펫마사지란?

펫마사지(pet massage)는 반려동물인 개와 고양이들에게 마사지를 해 주는 것으로, 펫마사지를 통하여 반려동물에게 휴식을 줄 수 있고, 스킨십을 제공하여 반려동물들이 사람들과 사회화가 촉진되며, 공격적 성향을 갖지 않도록 하기위한 예방 효과도 유도할 수 있다.

펫마사지는 아동들에게는 반려동물들의 신체에 대한 구조를 알려주며 사람과 다른 인간들이 보호해야 하는 존재임을 가르칠 수 있다. 펫마사지는 동물들의 건강에 유익한 효과가 있을 뿐 아니라, 보호자들의 정신건강 향상과 반려동물과의 반려감 상승에도 큰 도움을 준다.

펫마사지의 주의점으로 비과학적인 과도한 마사지는 반려동물 건강을 악화시킬 수 있어 반드시 동물복지 가이드라인 준수가 필요하며 동물물리치료, 반려동물 생리학, 반려동물 해부학, 동물질병학에 대한 다학제적 전문지식 습득 필요하다는 점이다. 적절한 마사지 처방을 계획하기 위하여 수의사와의 긴밀한 협력이 필요하다.

2) 펫마사지의 기여점

반려동물의 마사지는 사람과 해부학적 차이로 인하여 방법과 관점이 다를 수 있다. 먼저 반려동물의 감정을 잘 이해하고 터치감을 조절하며, 안정감을 유지하는 것만으로도 물리적, 심리적 효과를 줄 수 있다.

표 4-1 펫마사지의 기여점

1. 펫마사지는 물리치료의 한 방법으로 반려동물의 건강 회복에 도움을 줄 수 있다.
2. 펫마사지는 보호자 주인과 신체적 접촉의 기회를 제공함으로써 상호반응과 교감을 제공하여 쌍방에
3. 행복감과 심리적 안정을 제공한다.
4. 펫마사지는 반려동물의 따뜻한 체온과 부드러운 감촉으로 접촉의 자극을 제공하여 보호자에게 인지 능력 향상이나 신체적 기능 향상을 제공한다.
5. 터치를 통해 아픔을 진정으로 달래주고 긴장을 이완시키며 삶에 의욕을 불러일으킬 수 있다.

3) 통증유발점

통증 유발점은 근육, 인대, 힘줄, 골막조직 등에서 신경이 갈라지거나 또는 깊은 부위에서 얕은 부위에 걸쳐 다양한 병소에 의해 발생된다. 압통은 피부를 눌렀을 때 주위 보다 단단한 느낌과 아픔이 강하게 나타나 통증을 호소하거나 거부하는 행동을 한다. 마사지할 때 이 통증 유발점을 감안하여 이완할 수 있는 마사지 방법을 적용하는 것이 필요하다.

4) 펫마사지사

한국동물매개심리치료학회(http://www.kaaap.org/)에서 발급하는 펫마사지사 자격증이 민간자격 인증을 받고 발급하고 있다.

국내의 펫마사지는 향후 반려동물의 건강을 향상 시키고 보호자와 반려동물간의 상호 교감을 향상하여 행복한 반려동물 문화 형성에 크게 기여할 수 있는 이색 직업으로 주목을 받고 있다.

표 4-2 펫마사지사의 SWOT 분석

강점(Strength)	**약점**(Weakness)
• 반려동물 스트레스 감소 • 반려동물 복지 향상 • 반려동물과 보호자 상호교감 증대 • 보호자 지도 교육 가능 • 펫마사지센터 운영 가능 • 펫아로마테라피, 펫요가, 펫뮤직테라피와 시너지 가능 • 다양한 진로 선택 가능	• 비과학적인 과도한 마사지는 반려동물 건강을 악화시킬 수 있음 • 동물복지 가이드라인 준수 필요 • 동물물리치료, 반려동물 생리학, 반려동물 해부학, 동물질병학에 대한 다학제적 전문지식 습득 필요 • 풍부한 임상 경험 필요 • 펫마사지에 대한 전문 지식 필요
기회(Opportunity)	**위협**(Threat)
• 반려동물 사육 인구 증가 • 대체요법에 대한 인식 증가 • 반려동물과 보호자 상호교감 필요성 증대 • 반려동물에 대한 스트레스 감소 요구 증대 • 보호자의 반려동물 관련 학습 욕구 증대	• 펫마사지사 담당 역할에 대한 제도화 필요

표 4-3 펫마사지사의 진로

직 장	활동 내용
펫마사지센터	펫마사지 시술 및 관리 책임자
동물병원	펫마사지 전문 스텝
애견까페, 애견유치원	펫마사지 전문 스텝
방문관리	가정 방문하여 펫마사지 시술 및 보호자 교육
교육 강의 및 컨설팅	펫마사지에 관한 특강 및 교육 프로그램 운영
진학	동물매개치료 및 동물행동상담 관련 대학원 진학

펫마사지사란?

- 펫마사지사는 한국동물매개심리치료학회(http://www.kaaap.org/)에서 발급하는 펫마사지사 자격증을 취득한 자로서, 반려동물인 개와 고양이들에게 전문 마사지테라피를 시술하여 반려동물에게 휴식을 줄 수 있고, 스킨십을 제공하여 반려동물의 사회화 촉진 등을 유도할 수 있는 전문가이다.
- 펫마사지는 펫아로마테라피, 펫요가, 펫뮤직테라피를 함께 병행 수행하여 시너지 효과를 얻을 수도 있다. 펫마사지의 주의점으로 비과학적인 과도한 마사지는 반려동물 건강을 악화시킬 수 있어 반드시 동물복지 가이드라인 준수가 필요하다. 적절한 마사지 처방을 계획하기 위하여 수의사와의 긴밀한 협력이 필요하다.

- 한국동물매개심리치료학회(www.kaaap.org) -

2. 펫마사지테라피 효과

1) 펫마사지 효과

반려동물에게 펫마사지는 먹이를 주거나 운동을 시키는 것 이상으로 물리적, 정신적 혜택을 제공한다. 반려동물은 실내 생활로 근육이 약해질 수 있는데 마사지가 근육 강화에 도움을 준다.

동물은 야생에서는 혀와 몸짓을 이용해 서로 마사지를 해주며 대화를 하고 위생과 건강을 지킨다. 어미가 구석구석 서로 몸을 핥아주며 사랑을 듬뿍 준 강아지는 한눈에 봐도 건강하며 털에도 윤기가 난다. 그러나 이제 인간의 사회에서 살아가는 개에게는 그런 따뜻한 사랑을 인간에게 받을 수밖에 없게 되었다.

마사지는 기계적, 의학적, 치유적, 심리적 목적을 위해 부드러운 신체 조직을 물리적이고 기능적인 수기 요법으로 다루는 행위이며, 애정을 표현하는 가장 원초적인 방법이다. 반려동물은 마사지를 통하여 자신이 사랑받고 건강해지고 있다고 생각하게 한다. 이를 통해 반려동물은 행복지수가 올라가 삶이 무료하지 않고, 면역력이 높아져 건강해진다. 또한 인간도 마찬가지로 마사지를 통해 반려동물과 교감을 할 수 있으며 행복해질 수 있다. 여러 통계를 보면 개를 마사지하면서 인간도 행복하고 건강해진다고 한다.

인간과 개가 진정한 가족처럼 될 수 있는 것은 마사지를 통해 교감을 나누는 것이다. 그 교감 안에서 진실한 소통이 이루어지고, 서로가 필요한 것을 알게 되며, 서로 사랑하고 있다는 감동을 새롭게 느끼게 된다.

(1) 안정과 통증 완화

펫마사지는 반려동물에게 심신의 피곤과 긴장을 줄여 주며, 근육과 신경계에 발생한 통증을 이완한다.

(2) 노화 방지

펫마사지는 반려동물에게 노화로 발생되는 각종 퇴행성 질병에 대하여 혈액 순환과 면역 활성을 자극하여 건강 유지에 효과적이다.

(3) 신뢰감 상승

펫마사지는 반려동물에게 사람과 반려동물의 관계가 돈독해지고 쌍방의 신뢰감이 상승하며 쌍방의 삶의 질이 모두 향상된다.

(4) 면역력 강화

펫마사지는 반려동물에게 신체 자극으로 면역 자극을 통하여 면역력 활성을 유도하고 반려동물의 질병 예방이나 부상 또는 수술 이후 회복단계에 도움을 줄 수 있다.

(5) 대사 촉진

펫마사지는 반려동물에게 마사지를 통해 반려동물의 신체 자극으로 대사를 촉진할 수 있다. 성장기 반려동물은 팔, 다리의 성장판을 자극하여 성장 촉진도 가능하다.

(6) 혈액 순환 촉진

펫마사지는 반려동물에게 근육을 이완, 수축하도록 자극함으로써 혈액 순환이 촉진되어 노폐물 제거와 영양 공급이 유기적으로 활성화된다.

(7) 림프 순환 촉진

펫마사지는 반려동물에게 혈액 순환과 함께 림프 순환을 촉진시켜 면역 활성에 도움을 주고 활력과 건강을 제공해 준다.

(8) 비만 예방

펫마사지는 반려동물에게 근육의 수축, 이완과 소화기 장관의 연동운동을 촉진하여 체지방 연소에 도움을 주고 체형 유지에 도움을 준다.

(9) 간기능 개선

펫마사지는 반려동물에게 혈액 순환을 도와주어 혈액 흐름을 개선하며 간기능 향상 효과를 유도한다. 간기능 개선으로 독소 해독, 영양소 흡수 및 저장 등의 대사 작용에 도움을 준다.

(10) 신장(콩팥) 기능 개선

펫마사지는 반려동물에게 혈액 순환을 향상 시켜 신장 기능을 개선할 수 있다. 신장기능의 개선은 2차적으로 빈혈, 만성 피로, 우울증 개선 등에 또한 도움을 주며 배뇨 기능 향상으로 체내 독소 제거 활성 효과도 얻을 수 있다.

(11) 근육 이완

펫마사지는 반려동물에게 근육의 긴장을 이완하는 효과가 있어 근육통과 근육 경직에 효과적인 물리치료 방법으로 이용된다. 마사지는 근육에 피로물질인 젖산 제거에 효과적으로 근육긴장도를 부드럽게 유지할 수 있다. 근육의 이완과 혈액 순환의 향상은 2차적으로 신경질환 및 피부질환의 빠른 회복에도 도움을 준다.

(12) 관절통증 경감

펫마사지는 반려동물에게 염증과 통증을 줄이고 유연한 척추를 형성하며 골막을 재생시키는 데 큰 도움을 준다. 만성적인 관절통이나 척추질환, 골절 손상은 뼈의 생성과 조혈 기능을 악화시키고 일상의 통증으로 활동력이 낮아지고 삶의 질이 저하된다, 마사지를 통하여 이러한 만성 관절통으로 인해 유도되는 2차적인 문제점들 또한 개선될 수 있다.

(13) 스트레스 해소와 긴장 완화

보호자가 반려동물에게 마사지를 통하여 부드러운 터치를 제공하여 사람과 반려동물 간의 신뢰감 향상과 안정과 편안함을 제공할 수 있어 일상의 스트레스와 긴장을 이완시키는 효과를 제공한다.

(14) 신체 기능 향상 효과

반려동물에 애정 어린 음성을 곁들여 부드러운 마사지 터치를 제공하면 반려동물의 심리적 안정과 스트레스 감소, 통증 감소, 심장박동 낮추고 혈압이 낮아지며, 경직된 근육을 이완시킬 수 있다.

표 4-4 펫마사지의 효과

1. 안정과 통증 완화
2. 노화 방지
3. 면역력 강화
4. 대사 촉진
5. 혈액 순환 촉진
6. 림프 순환 촉진
7. 비만 예방
8. 간기능 개선
9. 신장기능 개선
10. 근육 이완
11. 관절통증 경감
12. 스트레스 해소와 긴장 완화
13. 신체 기능 향상 효과

3. 펫마사지테라피 주의점

1) 펫마사지의 주의점

반려동물에게 펫마사지는 건강 회복 촉진과 근육 이완 및 스트레스 감소 등의 다양한 긍정적 효과를 유도할 수 있으나, 부적절한 마사지 시술은 반려동물의 건강을 위협하는 요소가 될 수 있다.

따라서 펫마사지는 반드시 수의학적으로 증명된 물리치료 방법의 하나로 그 효과가 증명된 마사지 기법만을 적용해야 한다.

펫마사지의 주의점 중에 가장 중요한 요소 중의 하나는 동물의 크기나 건강 상태에 따라서 적용할 수 있는 마사지 기술이 다르다는 점과 적합한 마사지 기술을 선택할 수 있는 전문지식을 갖추어야 한다는 점이다.

또한 같은 크기의 동물 종이라도 건강 상태에 따라서 마사지 기술 적용 강도를 달리해야 한다는 점이다. 부적절한 마사지 기술의 선택이나 너무 강한 강도의 마사지 적용은 오히려 반려동물에 통증을 유발하고 스트레스를 줄 수 있으며 심한 경우 건강에 위해를 끼치는 요소가 될 수 있다.

전문 지식 없이 마사지를 반려동물에 적용하는 경우에 자칫하면 반려동물의 건강에 해를 끼치거나 스트레스를 유발하는 동물학대 행위가 될 수 있다는 점을 명심해야 한다.

표 4-5 펫마사지의 주의점

1. 펫마사지가 반려동물의 모든 질병과 질환을 치료하는 만병통치가 아니라는 점을 항상 주지해야 한다.
2. 수의학적으로 증명된 물리치료 방법의 하나로 그 효과가 증명된 마사지 기법만을 적용해야 한다.
3. 불분명한 질병이나 증상을 가지고 있는 반려동물은 수의사의 명확한 진단을 바탕으로 마사지가 도움을 줄 수 있는지 확인을 받아야 한다.
4. 펫마사지를 하는 보호자나 시술자는 반려동물에 애정을 가지고 마사지 기법을 적용하여야 한다.
5. 펫 마시지 정확한 기법과 효능을 숙지하고 시행할 수 있도록 한다.
6. 과도한 힘으로 마사지를 시행하면 반려동물이 통증이나 손상을 받을 수 있기 때문에 적절한 힘을 적용하여야 한다.
7. 펫마사지는 동물복지를 가장 기본으로 준수하여야 하며 반려동물과 시술자 쌍방향에 행복감을 증진시킬 수 있어야 한다.

2) 펫마사지 금기 사항(contraindication)

펫마사지를 적용하는 것이 모든 반려동물의 건강에 도움을 주는 경우가 아닐 수 있다. 다음과 같은 경우는 마사지 적용을 반려동물에 하면 안 된다. 금기의 상태에 있는 반려동물에게 마사지 대신에 부드럽게 쓰다듬고 심리적 안정을 제공하는 것이 더 큰 도움이 될 수 있다.

(1) 골절

반려동물의 경우는 사람과 달리 말을 하지 못하기 때문에 부분 골절이 있는 경우에 보호자가 모르는 경우가 있을 수 있다. 골절이 있는 경우에 마사지를 적용하면 극심한 통증을 유발하며 상태를 더욱 악화시킬 수 있어 이 부위에 대한 마사지는 금지되어야 한다.

(2) 근육 손상

근육에 손상이 있는 경우에 마사지는 상태를 악화시킨다. 근육의 손상은 수의사의 진단이나 촉진 시 심한 통증으로 알 수 있으며, 멍이들거나 출혈이 있을 수 있다.

(3) 척추 추간판 탈출(디스크)

반려동물이 교통사고나 물리적 충격 등으로 허리를 움직이지 못하는 경우에 척추 추간판 탈출이 의심되며, 이러한 경우는 마사지가 상태를 악화시킨다.

(4) 인대 파열

인대 파열이 있는 경우에 마사지는 상태를 악화시킨다. 인대 파열은 수의사의 진단이나 관절을 움직이지 못하거나 촉진 시 심한 통증으로 알 수 있다.

(5) 염증

염증은 피부에 화농이나 부종을 유발하며 이러한 상태에 마사지는 염증 확산의 위험이 있어 금지되어야 한다.

(6) 피부질환

피부 질환은 곰팡이나 세균, 피부 기생충인 모낭충이나 개선충 등이 있으며, 마사지는 이러한 피부질환을 더욱 확산시킬 수 있어 금지되어야 한다.

(7) 림프 부종

피부 림프절이 부어오르는 림프 부종은 질병과 관련된 증상으로 이 부위에 대한 마사지는 통증을 유발하거나 질병의 악화에 영향을 줄 수 있기 때문에 금지되어야 한다.

(8) 혈종

피부에 혈액이 고여 생긴 혈종은 이 부위에 대한 마사지는 통증을 유발하거나 질병의 악화에 영향을 줄 수 있기 때문에 금지되어야 한다.

(9) 불안감

반려동물이 심리적, 육체적 불안감을 나타낼 때는 마사지는 오히려 부작용을 유발할 수 있다.

(10) 임신 기간

임신기간은 마사지의 강도를 세게 하면 부작용이 일어날 수 있어 부드러운 정도로 마사지를 해주어야 한다. 마사지 중에 하혈이 일어나면 마사지를 즉시 멈추어야 하며, 반려동물이 불안해하거나 거부하면 경우에도 마사지를 멈추어야 한다.

임신 기간 마사지는 임신한 배 부위를 일정한 압력과 속도로 부드럽게 쓰다듬어 주어 태아 발육을 촉진하고 다른 부위는 근육별, 관절별로 고르게 적용한다.

(11) 사료 급여 후 1시간 이내

사료 급여 후 1시간 이내에는 마사지를 금지해야 한다. 마사지가 혈행을 분산시켜 위장 장애를 일으킬 수 있으므로 음식이 충분히 소화된 후 마사지를 적용해야 한다.

(12) 피로

심한 운동이나 이동 스트레스로 심신이 극도로 피곤해 있는 반려동물은 마사지를 바로 적용하는 것 보다 안정된 휴식을 제공하여 회복한 후 마사지를 적용하는 것이 좋다.

(13) 전염병

전염병을 앓고 있는 경우에는 수의사의 진료에 따른 치료 후 회복을 한 후 마사지를 적용하는 것이 좋다.

(14) 원인 불명 질병

원인이 명확하지 않지만 평소와 다른 증상을 보이는 경우에 수의사의 진료와 처방을 받은 후 복을 한 후 마사지를 적용하는 것이 좋다.

표 4-6 펫마사지 적용을 할 수 없는 금기 사항

1. 골절 상태
2. 근육 손상의 경우
3. 척추 추간판 탈출(디스크)이 있는 경우
4. 인대 파열 상태
5. 염증이 있는 경우
6. 림프 부종 상태
7. 혈종이 있는 경우
8. 불안감이 있는 경우
9. 임신 기간
10. 사료 급여 후 1시간 이내
11. 피로 증상을 보이는 경우
12. 전염병이 있는 경우
13. 원인 불명 질병이 의심되는 경우

II

펫마사지 기술

학 습 목 표

1. 펫마사지 기본 기술을 이해할 수 있다.
2. 펫마사지 사전 준비 내용을 이해할 수 있다.
3. 펫마사지 후 바디워크를 알 수 있다.

1. 펫마사지 기초

1) 펫마사지 기본 기술

(1) 애플러라지(effleurage)

안정감 있는 자극과 혈액 순환 그리고 마사지의 시작을 알릴 때 적용하며 같은 압과 속도를 유지하여 가장 일반적으로 손바닥을 많이 사용하는 테크닉이다. 전체적으로 쓰다듬을 때 털 발향을 따라 적용하면 좀 더 부드럽다,

등에서 꼬리로, 어깨에서 다리 방향으로 적용하는 방법을 기본으로 하고 이를 응용하도록 한다.

(2) 페트리사지(petrissage)

반죽하듯 강약이 배합된 압으로 근육과 피부를 주무르고 당기고 돌리고 쥐어짜고 밀어 올리는 동작의 총칭으로 사람이나 반려동물 둘 다 자극이 되고 행복감을 느낄 수 있는 방법이다. 근육의 크기와 모양에 따라 압의 정도를 결정하고 리듬감 있게 적용하도록 한다.

(3) 프릭션(friction)

특정 국소 부위에 자극을 주는 압력을 가하거나 지압과 같이 적용하는 테크닉으로 관절과 연결조직 및 심부 근막을 세밀하게 이완할 때 적용한다. 처음에는 국소 부위에 약한 압력으로 시작하고 점점 강하게 적용하도록 한다.

(4) 바이브레이션(vibration)

피부 가죽을 잡고 가볍게 흔드는 방법으로 빠른 시간에 통증을 감소시키고 배 부위에 적용하면 소화기 장관의 연동운동을 돕는데 효과적이다.

(5) 타포트먼트(tapotement)

두드리는 동작으로 자극을 주는 방법으로 짧은 시간 적용하여 근육에 활력을 주고 긴 시각 적용하여 근육을 진정시키는 효과를 유도할 수 있다. 사료 급여 후 1시간 이내에는 적용을 하지 말고 반려동물의 크기와 근육의 상태에 따라 압력을 적절히 조절하여 강약이 배합된 압으로 리듬감 있게 적용한다.

(6) 너브 스트로크(nerve stroke)

손가락 끝 또는 손바닥으로 압을 주지 않은 상태에서 피부 겉쪽에 분포된 신경을 가볍게 자극하는 방법이다. 강한 압력으로 다른 테크닉의 마사지를 적용하고 바로 이 테크닉을 적용하면 안정된 상태에서 반려동물이 거부하지 않고 계속해 마사지를 적용 받는다.

(7) 스트로크(stroke)

손을 브러시처럼 하여 몸과 털의 흐름에 따라서 마사지한다. 처음에는 부드럽게 천천히, 익숙해지면 조금씩 힘을 넣어 빨리 움직인다.

마사지할 때는 엄지손가락 이외에 네 손가락을 가지런히 하여 사랑을 담아 반려동물의 몸을 부드럽게 문질러 준다.

① 엄지손가락으로 문질러 주기

② 엄지손가락 이외 손가락으로 문질러 주기

- 엄지손가락으로 하는 것 보다 부드럽게 문질러준다.

③ 손바닥과 손가락 연계 부위로 문질러 주기

- 힘을 넣어 문질러 준다.

④ 손바닥 전체로 문질러 주기

- 넓은 면적을 마사지할 경우에 손바닥 전체로 문질러 준다.

(8) 동그라미 마사지

집게손가락과 가운데손가락을 모아 마사지라는 부위를 소용돌이치는 모양으로 마사지한다. 동그라미 마사지는 특별히 지정된 범위를 신경 써서 마사지할 때 사용한다. 반려동물의 오른쪽으로 동그라미를 그리며 회전한다.

(9) 주물러 주기

엄지손가락과 집게손가락, 가운데손가락을 모아서 마사지하는 부위를 조이듯이 주물러 준다. 어깨를 주무르는 요령으로 한다. 근육이 풍부한 목에서 등까지의 경직을 풀 때 사용한다.

(10) 지압

경혈을 손가락으로 눌러 자극하는 방법이다. 지압은 집게손가락으로 하는 것이 일반적이다. 집게손가락의 뾰쪽한 끝 부분 보다는 지문이 있는 넓은 부분으로 마사지한다. 면적이 좁은 발바닥이나 미세한 부분에는 면봉을 사용하여 마사지할 수 있다.

(11) 두들김

다섯 손가락을 가지런히 피고 가볍게 손을 구부려 손바닥을 둥글게 한다. 그 상태로 토닥토닥 소리가 나도록 피부를 가볍게 두들긴다. 가볍게 주먹을 쥐고 두들겨도 효과가 있다. 힘이 너무 많이 들어가지 않도록 주의한다.

(12) 픽업(pickup)

피부를 손으로 잡아서 끌어당겨 올리는 마사지이다. 피부에는 경락이나 경혈이 많아 픽업 테크닉이 효과적이다.

(13) 트위스트(twist)

두 손으로 픽업한 피부를 앞뒤로 트위스트한다. 피부에 효과적인 마사지이다. 지나치게 잡아당기지 않도록 주의한다.

2. 펫마사지 준비하기

1) 펫마사지 시작 전 마음가짐

펫마사지는 반려동물과 마사지 시술자 간에 손으로 나누는 대화이다. 마사지 테크닉 보다는 주인이 자신의 반려동물에게 사랑의 메시지를 전하는 시간이 되어야 한다.

(1) 적응 시간 주기

마사지 전에 반려동물이 적응할 시간을 주어야 한다. 평소 스킨십이 많지 않았던 경우에는 마사지를 받아들이기 힘들어 할 수 있기 때문에 시간을 두고 사전 적응 시간을 가지며 서서히 터치에 적응할 수 있도록 하는 것이 좋다.

반려동물 마사지는 동물이 접촉을 비교적 편안히 받아들이는 등부터 시작하는 것이 좋다. 부담이 적은 등부터 마사지를 받아 기분 좋은 경험이라는 것을 알게 된 반려동물은 다른 부위 마사지를 적용하는 것에 거부감이 적다.

마사지를 해주고 싶은 마음이 앞서 사전 적응 기간 없이 강제로 반려동물을 앉혀 놓고 마사지를 한다면, 오히려 반려동물들에 스트레스를 줄 수 있다.

늘 애정을 가지고 천천히 시간을 충분히 가지고 마사지를 반려동물에 해주어야 한다.

반려견에 마시지를 시작하기 전에 손바닥으로 체온을 느끼고 미세한 근육의 움직임을 파악하도록 한다. 체온이 차거나 너무 열이 나거나, 근육이 수축되어 있거나, 마사지를 진행하는 데 기준이 될 수 있다.

본격적인 마사지를 하기 전에 반려견의 머리에서 꼬리까지 쓰다듬어 안정을 취하도록 하고, 말을 걸거나 조용한 음악, 너무 밝지 않은 조명을 함께 준비한다.

반려견도 처음에는 가장 기본적인 마사지인 스웨디시 마사지를 받도록 한다. 스웨디시 마사지는 편안하고 안정된 상태로 혈액순환을 원활히 하며 자율신경을 안정시키는 효과를 유도한다.

반려견의 액세서리는 상해나 통증을 유발할 수 있기 때문에 미리 착용된 것들을 풀어 놓도록 하고 마사지를 받는 동안 수의사의 추천 보다 과도한 오일을 사용하지 않도록 한다.

본격적인 마사지를 하기 전에 반려견의 머리에서 꼬리까지 쓰다듬어 안정을 취하도록 하고, 말을 걸거나 조용한 음악, 너무 밝지 않은 조명을 함께 준비한다.

2) 터치를 통한 교감

마사지를 받아 본적이 없는 반려견은 마사지가 낯설고 불안해하거나 거부하는 행동을 할 수 있다. 따라서 반려견을 배려하여 편안하게 마사지를 적용 받을 수 있도록 세심한 주의를 기울여 사전 경험을 유도하고 약한 압력으로 천천히 시작하는 것이 좋다.

반려견은 신뢰와 우호감을 느끼고 그에 따라 행동을 하는 경향이 있다. 펫마사지를 시술하는 사람이 시술 받는 반려견과 신뢰감이 없는 경우에 마사지 적용이 어려울 수 있다. 마사지를 시술 전에 해당 반려견과 교감을 형성할 수 있도록 사전에 충분히 배려하여 신뢰를 형성한 후 마사지를 시작하는 것이 좋다.

반려견은 상호교감이 뛰어난 동물이기 때문에 칭찬과 부드러운 말을 해주며 마사지를 하는 것이 효과적이다.

주변 소음이 들리지 않고 잔잔한 음악과 따뜻한 실내 온도, 약간 어두운 조명이 마사지 효과를 상승시킬 수 있다.

일정한 시간과 공간에서 마사지를 하게 되면 반려견이 마사지를 사전에 알게 되어 효율적으로 적용할 수 있다. 만약 마사지를 거부하면 시간을 두고 해당 반려견이 마사지를 자연스럽게 받아들이도록 기다리는 것이 좋다.

반려견은 상호교감이 뛰어난 동물이기 때문에 칭찬과 부드러운 말을 해주며 마사지를 하는 것이 효과적이다. 주변 소음이 들리지 않고 잔잔한 음악과 따뜻한 실내 온도, 약간 어두운 조명이 마사지 효과를 상승시킬 수 있다.

3) 시술 마인드

펫마사지는 반려견에 대한 사랑을 행동으로 표현하는 것이다. 해당 반려견의 크기와 상태에 적합하게 사랑을 가지고 적절한 압력으로 적용하는 것이 중요하다. 너무 센 압력으로 적용하거나 큰 목소리로 강압적으로 교육을 시키듯 마사지 적용을 하면 반려견이 마사지에 대한 거부감을 표현할 수 있다.

반려견에 마사지를 하면서도 사람을 마사지하는 것처럼 생각을 가지고 시술을 하는 것이 좋다. 이러한 배려는 반려견과의 교감을 한층 더 높여 신뢰감을 높이고, 마사지 효과가 극대화 되며 건강회복에 도움을 준다.

4) 사전 신체 자극(pre-body work)

본격적인 마사지를 하기 전에 가벼운 자극을 통해 마사지의 시작을 알리는 것이 좋다. 이러한 사전 자극은 통증을 감소시키고 안정감을 준다. 전체적으로 부드럽게 모근 방향으로 쓸어내리고 가볍고 경쾌한 압력으로 툭툭 두드려 혈액순환을 촉진하며 관절을 움직여 근육과 인대를 유연하게 자극시킨다.

시술 전에 빗질을 가볍게 하여 털을 골라 주는 것도 안정감을 주는 한 방법이다. 마찰로 인한 불필요한 피부 손상을 줄일 수 있다.

반려동물 옆 또는 뒤에 앉아 마사지 시술자의 한 손은 어깨 위 또는 가슴 앞에 올려 두어야 안정감을 주고 움직이지 않도록 자세를 보정해 줄 수 있다.

반대 손바닥으로 목덜미부터 시작해서 엉덩이까지 부드럽게 쓰다듬어 준다. 손바닥에 반려동물이 거부감을 느낀다면 손등으로 처음에는 시작해 보는 것도 좋다. 동물은 손등은 자신을 잡을 수 없다는 것을 알기 때문에 보다 편안함을 느낄 수 있기 때문이다.

속도가 빠르면 흥분할 수 있으므로 천천히 부드럽게 한다. 목덜미에서 엉덩이에 이르는 시간은 3~5초 정도가 적당하다.

시술자가 사랑을 가지고 부드럽게 따뜻한 손길로 이 과정을 수행하면 반려동물은 긴장하였던 근육이 이완되며 마사지를 받아들일 수 있다.

> 본격적인 마사지를 하기 전에 가벼운 자극을 통해 마사지의 시작을 알리는 것이 좋다. 이러한 사전 자극은 통증을 감소시키고 안정감을 준다. 시술자가 사랑을 가지고 부드럽게 따뜻한 손길로 이 과정을 수행하면 반려동물은 긴장하였던 근육이 이완되며 마사지를 받아들일 수 있다.

3. 펫마사지 테크닉

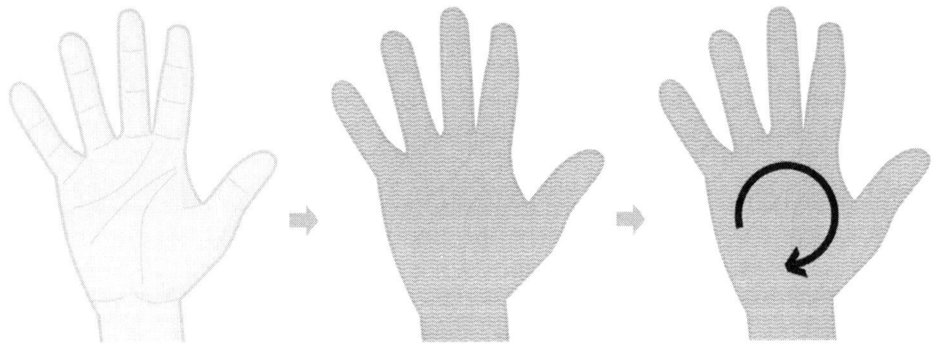

그림 4-1 펫마사지의 기본테크닉

4. 펫마사지 부위별 사전 자극

1) 등 부위

등은 처음 마사지를 시작할 때 거부감이 없이 시작하기 좋은 부위이다. 등의 피부와 척추 주변 근육을 풀어줌으로써 강아지들이 스스로 쉽게 움직이기 어려운 부위를 풀어주는 마사지 효과를 얻을 수 있다.

등을 따라 척추뼈가 길게 연결되어 있는데, 목뼈 경추, 가슴뼈 흉추, 허리뼈 요추와 천추, 꼬리뼈로 구성되며 디스크가 목뼈와 허리뼈에서 많이 발생하고 노령견에서 척추뼈 관절의 기능이 많이 떨어지는 경향이 있으므로, 마사지를 해주면 이러한 문제점들이 예방되거나 개선될 수 있어 건강에 좋은 효과를 얻을 수 있다.

손바닥으로 등선 전체를 감싸며 목에서 꼬리 방향으로 그리고 외측부 골반 방향으로 각각 나누어 일정한 압과 속도록 손바닥을 많이 사용하여 쓰다듬는 애플러라지 테크닉을 적용한다.

반려동물은 전신이 따뜻한 체온을 가지고 있고 부드러운 털로 덮여 있기 때문에 마사지를 하는 동안에 부드럽게 털을 만져주는 것만으로도 접촉의 자극을 받을 수 있어 반려동물과 마사지를 시술자 모두 즐겁고 행복한 감정을 느낄 수 있다.

표 4-7 반려견의 등 부위 마사지 방법 예시

1. 손바닥을 등 위에 올려놓고 눈을 감는다. 따뜻한 체온, 털의 감촉을 느껴 보도록 한다.
2. 압력이 거의 없이 손바닥이나 손가락을 이용하여 등을 부드럽고 천천히 쓰다듬는 애플러라지 테크닉을 적용한다. 목에서 꼬리까지 이르는 시간은 3-6초가 적당하다. 정맥과 림프순환을 도와 부종 완화에 도움이 되며 근육긴장을 완화하고 심리적 안정감을 가져다주는 마사지 방법이다. 모든 마사지의 시작과 끝에 사용한다. 손바닥으로 쓰다듬으며 또한 반려동물의 건강상태를 체크해볼 수 있다.
3. 둘째 및 셋째 손가락을 이용하여 부드럽고 천천히 쓰다듬는 애플러라지 테크닉으로 척추 주변 근육을 부드럽게 쓰다듬어 준다. 디스크 질환이 있어 허리 통증이 있는 경우에 자극 없이 마사지할 수 있는 방법이다.
4. 엄지를 이용해서 한손 또는 두 손으로 원을 그리며 척추 주변 근육을 누르며 마사지해 내려간다. 눌렀을 때 특별히 아파하는 곳은 없는지 확인한다. 손가각 끝에 힘을 주어 특정 국소 부위를 자극하는 방법인 프릭션 테크닉을 적용한다.
5. 반죽하듯이 주무르고 들어 올리고 누르고 굴리는 동작을 통해 피부와 근육 깊은 층까지 자극이 갈 수 있도록 압력이 느껴지듯 마사지해 준다. 혈액순환을 촉진하고 피로회복과 근육 이완에 도움을 주는 페트리사지 테크닉을 적용해 본다.
6. 혈액순환을 촉진시키고 활력을 증가시키기 위해 손바닥, 손날, 손끝, 주먹을 이용하여 가볍게 두드린다. 경쾌하고 리듬감 있게 하며, 손목에 힘을 빼고 강약을 조절하는 타포트먼트 테크닉을 적용한다. 1초에 2-3회로 시작해서 5회까지 증가시킬 수 있다. 오랜 기간 지속할 경우 체온 및 혈압이 상승할 수 있으므로 질병이 있는 반려동물은 시간을 제한하도록 한다.
7. 손가락을 펼쳐 손목에 힘을 빼고 털과 피부를 함께 흔들어 준다. 흔들고 털고 튕기는 동작으로 쉐이킹 테크닉을 적용하는 것으로 신경을 진정시켜 진통 효과가 있다.

2) 목 부위

머리에서 목 방향으로 같은 압과 속도를 유지하여 손바닥을 많이 사용하여 쓰다듬는 애플러라지 테크닉을 적용하고 이어 가볍게 리듬감을 가지고 피부 가죽을 들어 올리며 페트리사지한다. 두 가지 테크릭을 반복하여 적용한다.

표 4-8 반려견의 목 부위 마사지 방법 예시

1. 두개골이 끝나는 목 뒷부분을 엄지와 검지로 잡고 손을 모으면서 원을 그리며 근육을 풀어준다.
2. 목선을 따라 손을 조금씩 아래로 내려 어깨부분까지 마사지를 해준다.

3) 귀

귀는 매우 예민한 부위로 부드러운 힘으로 천천히 수행한다.

표 4-9 반려견의 귀 부위 마사지 방법 예시

1. 귀 전체를 잡고 큰 원을 그리듯이 부드럽게 천천히 마사지 해준다.
2. 귀 위쪽을 바깥쪽으로 당기듯이 쓸어내려 준다.

4) 눈

마사지 전에 눈에 자극이 될 수 있는 향수나 로션이 남아 있지 않도록 손을 잘 씻어 준다.

표 4-10 반려견의 눈 부위 마사지 방법 예시

1. 양손으로 얼굴을 잡고 엄지를 앞쪽에 올려놓는다, 여기에 손으로 누르면 움푹한 홈이 느껴지는 부위가 있는데, 이 부위에서 코 쪽 방향으로 3초 동안 가볍게 지압을 해준다.
2. 눈앞 부위부터 시작해 눈 뒷부분까지 엄지손가락을 이용해 눈두덩이를 부드럽게 쓰다듬어 준다. 6~10회 천천히 반복하도록 한다.

5) 두피

머리 부위 피부를 자극하여 건강한 피부를 유지할 수 있다.

표 4-11 반려견의 두피 마사지 방법 예시

1. 손가락을 이용해 머리카락을 부드럽게 앞에서 뒤로 쓸어 넘긴다.
2. 오른쪽에서 왼쪽, 왼쪽에서 오른쪽, 뒤에서 앞으로 번갈아가며 마사지를 해준다.
3. 손가락을 이용해 가볍게 두피 마사지를 해준다.

6) 턱관절

반려동물의 얼굴 좌우측 턱관절이 있는 부분에 주먹을 쥐고 손가락 마디가 얼굴에 닿도록 하여 원을 그리며 턱관절 마사지를 해준다.

7) 어깨 부위

어깨에서 앞다리 방향으로 손바닥으로 넓게 감싸며 같은 압과 속도를 유지하여 손바닥을 많이 사용하여 쓰다듬는 애플러라지 테크닉을 적용 한다. 엄지로 가볍게 누르듯 원을 그리며 프릭션을 함께 적용하면 보다 효과적이다.

표 4-12 반려견의 어깨 부위 마사지 방법 예시

1. 반려동물과 같은 방향을 보고 앉아 어깨 위 승모근을 엄지와 검지를 이용하여 주물러 준다.
2. 엄지로 등을 받치고 손바닥으로 견갑 부위를 감싸 쥐고 부드럽게 원을 그리며 주물러 준다.
3. 엄지로 어깨의 앞부분 뒷부분을 골고루 원을 그리며 천천히 마사지 해준다.

8) 가슴 부위

손가락을 모아 어깨에서 가슴 방향으로 일정한 압과 속도록 손바닥을 많이 사용하여 쓰다듬는 애플러라지 테크닉을 적용한다.

9) 앞다리 부위

손바닥을 이용해서 상완에서 바깥쪽 면을 따라 발까지 일정한 압과 속도록 손바닥을 많이 사용하여 쓰다듬는 애플러라지 테크닉을 적용 하고, 이어 안쪽 면을 같은 방법으로 실시한다.

표 4-13 반려견의 발목 부위 마사지 방법 예시

1. 겨드랑이 사이에 반려동물을 껴안고 한 손으로 반려동물의 발꿈치를 받친다. 안정적인 자세로 동작을 할 수 있도록 손으로 감사 잡아 고정시킨다.
2. 오른쪽 방향으로 부드럽고 천천히 원을 그리며 발목 관절을 돌려준다. 3-5초에 한 번씩 원을 그리며 5회 반복한다. 왼쪽 방향도 같은 방법으로 적용하고 각 3회 반복한다.
3. 손끝 또는 주먹 쥔 손마디를 이용해서 근육을 부드럽게 쓸어내리는 마사지를 해준다.
4. 발목을 잡아 손으로 반죽하듯 부드럽게 주물러 준다.
5. 다리의 안쪽을 잡아 쭉 펴준 후에 다리 전체를 반죽하듯 주물러 준다.

10) 배 부위

배를 마사지하여 장 연동운동을 촉진하고 소화 촉진, 변비 예방의 효과가 있다. 손바닥을 밀착시켜 가슴에서 배 부위까지 일정한 압과 속도록 손바닥을 많이 사용하여 쓰다듬는 애플러라지 테크닉을 적용하고 배 부위에서는 다시 시계 방향과 반시계 방향으로 원을 그리며 일정한 압과 속도록 손바닥을 많이 사용하여 쓰다듬는 애플러라지 테크닉을 적용 한다.

표 4-14 반려견의 배 부위 마사지 방법 예시

1. 반려동물을 편안하게 세운 뒤에 한 손을 반려동물의 가슴을 받쳐 주도록 하고 다른 한 손으로 손가락 전체를 이용해 배를 부드럽게 주물러 준다.
2. 양손 엄지를 반려동물의 척추 위에 올려 두고 위에서부터 척추 한마디씩 내려오면서 나머지 네 손가락으로 복부를 위아래로 주물러 준다.
3. 반려동물의 배가 보이도록 눕힌 다음 손바닥으로 부드럽게 시계 방향으로 원을 그리면서 마사지해 준다. 반복하여 6~10회 부드럽게 같은 방법으로 마사지를 수행한다.

11) 허리 부위

손바닥을 밀착시켜 등 부위에서 허리를 지나 골반 아래까지 일정한 압과 속도록 손바닥을 많이 사용하여 쓰다듬는 애플러라지 테크닉을 적용하고 다시 양 옆쪽 측면부를 같은 방법으로 실시한다.

12) 뒷다리 부위

대퇴부에서 발쪽으로 안쪽과 바깥 쪽을 가볍게 조이며 일정한 압과 속도록 손바닥을 많이 사용하여 쓰다듬는 애플러라지 테크닉을 적용 한다. 대퇴부는 엄지로 서클을 그리며 전방에 걸쳐 특정 국소 부위에 자극을 주는 압력을 가하거나 지압과 같이 적용하는 프릭션 테크닉을 적용한다.

표 4-15 반려견의 고관절 부위 마사지 방법 예시

1. 고관절과 엉덩이 주변을 엄지로 원을 그리며 마사지 해준다.
2. 혈액 순환을 위해 다리 끝에서 안쪽으로 손으로 잡아 눌러 마사지 해준다.

표 4-16 반려견의 슬관절(무릎관절) 부위 마사지 방법 예시

1. 양손을 비벼 따뜻한 손을 만들어 슬관절을 감싸 준다.
2. 따뜻한 물로 적신 수건을 이용해 관절 주변을 감싸 주어 뭉쳐있는 근육의 긴장을 풀어준다.
3. 엄지를 이용해 원을 그리며 허벅지 앞에 있는 대퇴사두근을 마사지한다.
4. 엄지나 주먹을 이용해 허벅지 뒷부분 근육을 풀어 준다.

13) 엉덩이 부위

엉덩이 관절부를 손바닥으로 부드럽게 원을 그리며 일정한 압과 속도록 손바닥을 많이 사용하여 쓰다듬는 애플러라지 테크닉을 적용하고 이어 엄지를 이용하여 엉덩이 전반에 걸쳐 원을 그리며 특정 국소 부위에 자극을 주는 압력을 가하거나 지압과 같이 적용하는 프릭

션 테크닉을 적용한다.

14) 꼬리 부위

엉덩이에서 시작하여 꼬리 말단까지 손으로 감싸며 적당한 압력으로 에플러라지한다.

표 4-17 반려견의 꼬리 부위 마사지 방법 예시

1. 한 손으로 꼬리 뼈 안쪽을 잡아 고정시켜 준 후에 꼬리를 잡고 위로 들어 올린 다음 부드러운 강도로 주물러 준다. 꼬리 부분을 만지는 것을 민감해 할 수 있기 때문에 서서히 적응하도록 다른 부위를 먼저 시행 하면서 꼬리는 마지막 순서로 시행하는 것이 좋다.
2. 꼬리를 잡고 가볍게 아래로 내려 부드러운 강도로 주물러 준다.
3. 꼬리를 뒤 방향으로 잡고 부드러운 강도로 주물러 준다.

5. 마사지 후 바디워크

전신 마사지를 마치고 반려견의 안정감과 휴식을 인위적으로 조절하기 위한 마사지 후 보디워크로 시간은 10여 분에 걸쳐 실시한다. 터치는 가볍고 부드럽게 일정한 방향을 따라 일정한 압과 속도록 손바닥을 많이 사용하여 쓰다듬는 애플러라지 테크닉을 적용한다.

마사지 후 보디워크는 마사지 효과를 지속적으로 유지하고 안정적인 혈액순환과 림프 순환을 돕고 장 연동운동을 활성화시키도록 하는 효과를 가지고 있다.

시술 방향은 왼쪽 목 부위에서 앞다리, 등과 허리, 골반과 대퇴부, 뒷다리로 이어지고, 다시 오른쪽에서 같은 방법으로 전신을 돌며 일정한 압과 속도록 손바닥을 많이 사용하여 쓰다듬는 애플러라지 테크닉을 적용한다.

1) 목

머리 뒤에서 시작하여 왼쪽 어깨 부위로 일정한 압과 속도록 손바닥을 많이 사용하여 쓰다듬는 애플러라지 테크닉을 적용하고 다시 반대 방향에서 같은 방법으로 반복한다. 이러한 시술로 목부위의 혈액순환과 림프순환이 활성화될 수 있다.

2) 앞다리

왼쪽 어깨에서 시작하여 앞다리를 거쳐 발까지, 앞다리 안쪽면 겨드랑이 부위에서 발까지 일정한 압과 속도록 손바닥을 많이 사용하여 쓰다듬는 애플러라지 테크닉을 적용한다. 이어 반대 방향에서 같은 방법을 반복한다. 겨드랑이 부위의 혈액 순환과 림프순환이 활성화된다.

3) 등과 허리

왼쪽 견갑 어깻죽지 부위에서 시작하여 허리를 거쳐 골반 부위까지 일정한 압과 속도록 손바닥을 많이 사용하여 쓰다듬는 애플러라지 테크닉을 적용한다. 반대 방향에서 같은 방법을 반복한다. 골반 장골 부위 혈액 순환과 림프 순환이 활성화된다.

4) 골반부와 대퇴부

왼쪽 골반 천골부에서 시작하여 대퇴부를 걸쳐 무릎까지 내려간다. 반대 방향에서 같은 방법을 반복한다. 무릎 부위 혈액 순환과 림프 순환이 활성화된다.

5) 뒷다리

왼쪽 무릎 관절에서 시작하여 발까지 내려간다. 다리 바깥쪽을 먼저 일정한 압과 속도록 손바닥을 많이 사용하여 쓰다듬는 애플러라지 테크닉을 적용하고, 이어 안쪽을 시술 한다. 반대 방향에서 같은 방법을 반복한다. 아래 다리 쪽의 혈액 순환과 림프순환을 촉진한다.

III

펫마사지 실제

학습목표

1. 근육 종류별 마사지 기법을 알 수 있다.
2. 펫마사지 스트레칭 기법을 이해할 수 있다.
3. 림프 마사지 및 얼굴 마사지 개념과 기술을 알 수 있다.
4. 통증 부위에 따른 질병의 예측을 할 수 있다.

1. 근육 종류별 마사지 기법

1) 머리

(1) 두사근(oblique capitis muscle)

두사근은 머리를 옆으로 돌리거나 뒤로 당기는 작용을 한다.

- **증상 :** 이 근육이 경직되면 목 회전에 장애를 보이며, 뇌로 가는 혈류를 방해하여 두통과 어지러움 및 구토 증세가 나타난다.
- **임상 기술 :** 엄지와 인지로 두개골과 목이 만나는 경계부위를 따라 촘촘히 반죽하듯 강약이 배합된 압력으로 근육과 피부를 주무르고 당기고 돌리고 쥐어짜고 밀어 올리는 페트리사지 테크닉을 적용한다.

(2) 광대근(zygomaticus muscle)

광대근은 얼굴을 형성하고 안면 근육을 움직이는 작용을 한다.

- **증상 :** 이 근육이 경직되면 안면신경계가 압박되어 얼굴에 통증과 마비 증세사 나타난다. 귀와 눈, 코, 입 방향으로 부종과 통증이 발현된다.
- **임상 기술 :** 손가락으로 부드럽고 강약이 배합된 압력으로 특정 국소 부위에 자극을 주는 압력을 가하거나 지압과 같이 적용하는 프릭션 테크닉을 적용 또는 프리사지한다.

(3) 교근, 측두근(master, temporal muscle)

교근과 측두든은 음식을 씹을 때 사용하는 근육으로 저작근이라 불리며 개의 경우에 무는 힘을 결정한다.

- **증상 :** 이 근육이 손상되면 악관절 장애를 일으켜 음식을 씹지 못하고 두통과 안면 통증이 나타난다.
- **임상 기술 :** 손가락 끝으로 머리 옆면에서 아래턱 방향으로 촘촘히 세밀하게 강약이 배합된 압력으로 원을 그리며 특정 국소 부위에 자극을 주는 압력을 가하거나 지압과 같이 적용하는 프릭션 테크닉을 적용한다.

2) 목

(1) 두흉근(sternocephalicus muscle)

두흉근은 흉골에서 측두골의 유양돌기로 부착되며 머리, 어깨, 가슴을 움직이게 하거나 고정시킨다.

- **증상 :** 이 근육이 손상되면 경동맥을 압박하여 머리의 혈액 순환을 방해하고 심한 두통과 안면 통증, 목과 얼굴 부종을 일으키는 원인이 된다.
- **임상 기술 :** 손바닥으로 귀에서 가슴 방향으로 근섬유를 따라 일정한 압과 속도록 손바닥을 많이 사용하여 쓰다듬는 애플러라지 테크닉을 적용 하고 이어 손가락 끝을 모아 강약이 배합된 압력으로 특정 국소 부위에 자극을 주는 압력을 가하거나 지압과 같이 적용하는 프릭션 테크닉을 적용 또는 반죽하듯 강약이 배합된 압력으로 근육과 피부를 주무르고 당기고 돌리고 쥐어짜고 밀어 올리는 페트리사지 테크닉을 적용한다.

3) 어깨

(1) 삼각근(deltoid muscle)

앞다리와 견갑골을 연결시키며 어깨 관절이 탈구되지 않도록 안정시키고 앞다리를 앞으로 뻗고 회전하는 기능을 돕는다.

- **증상 :** 이 근육이 손상되면 몸의 중심을 잡기 힘들고 통증으로 다리를 오므리는 동작을 자주하며 누워있으려는 행동을 보인다.
- **임상 기술 :** 어깨와 앞다리가 만나는 경계 부위로 엄지와 나머지 손가락으로 조이며 반죽하듯 강약이 배합된 압력으로 근육과 피부를 주무르고 당기고 돌리고 쥐어짜고 밀어 올리는 페트리사지 테크닉을 적용한다.

4) 가슴 앞쪽 부위

(1) 극하근(infraspinatus muscle)

견갑골에서 앞다리 쪽으로 연결되며 앞다리를 당기는 기능이 있다.

- **증상 :** 이 근육이 손상되면 어깨 통증으로 인해 벽이나 바닥에 몸을 자주 비벼대는 행동을 보인다.
- **임상 기술 :** 엄지와 나머지 손가락 끝을 모아 어깨에서 앞다리 쪽으로 연결되는 부위를 얕은 층과 깊은 층에 압력을 골고루 적용하면서 페트리사지와 특정 국소 부위에 자극을 주는 압력을 가하거나 지압과 같이 적용하는 프릭션 테크닉 적용을 번갈아 적용한다.

(2) 승모근(trapezius muscle)

뒤통수 후두골에서 척추와 견갑골까지 연결되어 있다. 머리를 고정시키고 어깨를 들어 주며 앞다리에서 전체적으로 몸의 중심을 잡아 주어 평형과 운동 기능학적 요소를 조절하는 기능이 있다.

- **증상 :** 이 근육이 손상되면 척추의 비대칭과 만곡을 일으키고 졸거나 누워있게 되며 만성적인 피로감이 나타난다. 목통증과 함께 위쪽 몸통 부위의 움직임을 제한한다.
- **임상 기술 :** 허리 부위에서 목과 어깨 방향으로 손가락 끝을 모아 깊은 부위를 자극할 수 있는 압력으로 에플러라지를 적용하고 강약이 배합된 압력으로 승모근 전체에 걸쳐 촘촘히 페트리사지한다.

5) 가슴

(1) 흉근(pectoralis muscle)

가슴 앞면과 안쪽 앞다리를 덮고 있다. 호흡에 영향을 주며 달릴 때 앞다리를 가슴 방향으로 당겨 추진력을 내는 기능을 한다.

- **증상 :** 이 근육이 손상되면 젖의 혈액 순환이 안 되고 정체 되어 있는 울혈 느낌을 받고 젖꼭지를 스치면 과민하게 반응한다. 가슴 부위로 부종이 나타나며, 자주 허리를 웅크린 자세를 취한다.
- **임상 기술 :** 손바닥 또는 손가락 끝을 모아 흉골 부위에 밀착시켜 에플러라지를 적용하고 이어 엄지를 이용하여 강약이 배합된 압력으로 가슴 전체에 걸쳐 촘촘히 원을 그리며 특정 국소 부위에 자극을 주는 압력을 가하거나 지압과 같이 적용하는 프릭션 테크닉을 적용한다.

6) 등 상위, 등쪽 앞 부위

(1) 광배근(latissimus dorsi muscle)

척추부에서 상완골로 연결되며 승모근과 함께 대부분의 등 위쪽을 나누어 덮고 있다. 앞발을 앞뒤로 크게 움직이거나 앞으로 뻗을 때 몸통을 앞으로 끌어당겨 뛰거나 달릴 때 추진력을 낸다.

- **증상 :** 이 근육이 손상되면 어깨와 흉배부로 통증을 호소하고 호흡 장애가 나타난다. 겨드랑이에서 부종이 나타나며 심할 경우 척주를 휘게 만든다.
- **임상 기술 :** 손바닥 전체를 밀착시켜 엉덩이에서 어깨 방향으로 에플러라지를 적용하고 이어 손가락 끝을 모아 강약이 배합된 압력으로 전체에 걸쳐 촘촘히 반죽하듯 근육과 피부를 주무르고 당기고 돌리고 쥐어짜고 밀어 올리는 페트리사지 테크닉을 적용한다.

(2) 최장근(longissimus muscle)

등 위쪽에서 가장 긴 근육으로 목에서 엉덩이로 연결되며 척주를 구부리고 펴게 한다.

- **증상 :** 이 근육이 손상되면 몸통이나 다리 움직임에 제한을 주고 심하면 몸을 움직일 수 없는 마비 현상이 일어난다. 각종 신경 및 대사 질환에 영향을 주어 급속도로 건강이 악화된다.
- **임상 기술 :** 인지와 중지로 척주 양측을 밀착하여 조이고 엉덩이에게 머리 방향으로 에플러라지 한다, 이어 척주 양측을 따라 적당히 간격을 두고 엄지로 원을 그리며 전체에 걸쳐 촘촘히 특정 국소 부위에 자극을 주는 압력을 가하거나 지압과 같이 적용하는 프릭션 테크닉을 적용한다.

(3) 요방형근(quadratus lumborum muscle)

허리를 중심으로 체간과 골반 양측으로 협동하도록 움직여 다양한 허리 운동을 하고, 체중이 내려앉지 않도록 잡아 준다.

- **증상 :** 이 근육이 손상되면 몸통을 지지할 수가 없어 자주 눕거나 앉으려고 하고 체간과 골반이 일자로 함께 움직이는 경향을 보인다.
- **임상 기술 :** 척주를 중심으로 양 엄지를 밀착하여 허리에서 골반 방향으로 깊은 부위에 적용될 수 있도록 일정한 압과 속도록 손바닥을 많이 사용하여 쓰다듬는 애플러라지 테크닉을 적용한다. 이어 골반 능선을 따라 각각 반대 방향으로도 깊은 부위에 적용될 수 있도록 일정한 압과 속도록 손바닥을 많이 사

용하여 쓰다듬는 애플러라지 테크닉을 적용한다.

7) 배 부위

(1) 횡격막(diaphrgm)

배와 가슴 공간을 나누는 역할을 하며 호흡작용에 도움을 준다.

- **증상 :** 이 근육이 손상되면 호흡 장애를 일으켜 혈압이 저하되고 만성 피로와 우울증이 나타난다.
- **임상 기술 :** 손바닥으로 흉곽을 적당한 압력으로 조심스럽게 눌러 몇 초간 누르던 압력을 유지한다. 호흡이 빨라지면 다시 이완하기를 규칙적으로 반복하며 횡격막을 이완한다.

(2) 복사근(oblique abdominis muscle)

내부 장기를 보호하고 횡격막을 밀어내어 호흡을 돕고 복강 압을 조절하여 배변이나 배뇨, 구토, 분만 시 근력을 발생시키는 역할을 한다.

- **증상 :** 이 근육이 손상되면 호흡 장애와 변비 증세가 나타나며 출산 과정이 매우 힘들어 사산의 위험이 발생한다.
- **임상 기술 :** 손바닥 또는 손가락을 늑골부에 밀착시켜 엉덩이에서 가슴 중앙 방향으로 다시 가슴에서 사타구니 방향으로 중간 압력을 적용하여 일정한 압과 속도록 손바닥을 많이 사용하여 쓰다듬는 애플러라지 테크닉을 적용 한다. 압력이 너무 약하면 간지러움을 느끼고 너무 강하면 늑골 마찰로 인해 통증이 발생한다.

(3) 복직근(rectus abdominis muscle)

복사근과 같이 내부 장기를 보호하고 횡격막을 밀어내어 호흡을 돕고 복강 압을 조절하여 배변이나 배뇨, 구토, 분만 시 근력을 발생시키는 역할을 한다.

- **증상 :** 이 근육이 손상되면 호흡 장애와 변비 증세가 나타나며 출산 과정이 매우 힘들어 사산의 위험이 발생한다.
- **임상 기술 :** 손가락으로 복부 전반에 걸쳐 시계 방향, 반시계 방향으로 원을 그리며 부드럽게 페트리사지한다. 이어 손바닥을 밀착시켜 가슴 아래에서 사타구니 방향으로 일정한 압과 속도록 손바닥을 많이 사용하여 쓰다듬는 애플러라지 테크닉을 적용한다.

8) 늑간부

(1) 늑간근(intercostal muscle)

늑골과 늑골을 서로 연결하며 안쪽과 바깥쪽으로 구분한다. 늑골을 움직여 호흡 기능을 돕고 흉곽을 감싸 장기를 보호한다.

- **증상** : 이 근육이 손상되면 호흡 장애와 만성 피로 체간을 움직이지 못한다.
- **임상 기술** : 손가락을 세워 늑골과 늑골 사이에 끼워 넣고 적당한 압력과 일정한 속도를 유지하며 일정한 압과 속도록 손바닥을 많이 사용하여 쓰다듬는 애플러라지 테크닉을 적용한다.

9) 앞다리

(1) 상완이두근(biceps brachi muscle)

견갑골에서 전완의 요골로 연결된다. 상완삼두근과는 반대 작용을 하며, 팔꿈치를 구부리고 앞 발바닥이 위로 향하게 회전시키는 기능을 한다.

- **증상** : 이 근육이 손상되면 앞다리에 통증이 나타나고 다리를 펴거나 구부리지 못해 절뚝거린다.
- **임상 기술** : 엄지와 나머지 손가락으로 앞다리 안쪽 부위를 감싸 조이며 일정한 압과 속도록 손바닥을 많이 사용하여 쓰다듬는 애플러라지 테크닉을 적용하고 다시 반죽하듯 강약이 배합된 압력으로 근육과 피부를 주무르고 당기고 돌리고 쥐어짜고 밀어 올리는 페트리사지 테크닉을 적용한다.

(2) 상완삼두근(triceps brachi muscle)

견갑골에서 상완의 척골로 연결되며 상완이두근과는 서로 앞뒤에서 반대 작용을 하여 근육량이 더 많다. 앞다리를 곧게 펴는 기능을 한다.

- **증상** : 이 근육이 손상되면 앞다리에 통증이 나타나고 다리를 펴거나 구부리지 못해 절뚝거린다.
- **임상 기술** : 엄지와 나머지 손가락으로 앞다리 바깥쪽 부위를 감싸 조이며 일정한 압과 속도록 손바닥을 많이 사용하여 쓰다듬는 애플러라지 테크닉을 적용하고 다시 반죽하듯 강약이 배합된 압력으로 근육과 피부를 주무르고 당기고 돌리고 쥐어짜고 밀어 올리는 페트리사지 테크닉을 적용한다.

(3) 전완근(forearm)

상완골에서 손목 및 손가락뼈까지 연결되어 있으며 손목을 다양한 각도로 움직이는 기능을 한다.

- **증상 :** 이 근육이 손상되면 앞 발목과 발가락을 움직이지 못해 지면에서 손을 떼고 걷는다.
- **임상 기술 :** 엄지와 나머지 손가락으로 전완을 감싸 조이며 발가락 끝까지 일정한 압과 속도록 손바닥을 많이 사용하여 쓰다듬는 애플러라지 테크닉을 적용하고 이어 반죽하듯 강약이 배합된 압력으로 근육과 피부를 주무르고 당기고 돌리고 쥐어짜고 밀어 올리는 페트리사지 테크닉을 적용한다.

10) 골반

(1) 둔근(gluteus muscle)

대둔근, 중둔근, 소둔근으로 구성되어 있으며 사람보다는 비교적 퇴화된 근육이다. 한쪽 다리를 들고 있을 때 몸의 중심을 잡고, 뒷다리를 움직이는 기능을 한다.

- **증상 :** 이 근육이 손상되면 똑바로 서 있지 못하며 달리거나 뛰는 동작에 제한을 준다. 사타구니로 부종과 신경 질환이 나타난다.
- **임상 기술 :** 손가락 전체를 시술 받는 반려동물의 엉덩이에 밀착시키고 깊은 부위에 전달되는 압력으로 일정한 압과 속도록 손바닥을 많이 사용하여 쓰다듬는 애플러라지 테크닉을 적용 하고 이어 둔근 전체로 반죽하듯 강약이 배합된 압력으로 근육과 피부를 주무르고 당기고 돌리고 쥐어짜고 밀어 올리는 페트리사지 테크닉을 적용한다.

11) 뒷다리

(1) 대퇴사두근(quadriceps fermoris muscle)

4개의 근육으로 구성되어 있으며 골반의 장골과 대퇴골에서 시작하여 슬개골로 연결된다. 뒷다리를 강하게 펴는 기능을 함으로써 달릴 때 추진력을 낸다.

- **증상 :** 이 근육이 손상되면 무릎을 펼 수 없어 절름거리며 무릎에서 부종이 나타나고 슬개 관절이 뒤틀어져 다리 모양이 휜다.
- **임상 기술 :** 뒷다리 앞면 쪽을 손으로 감싸 조이며 일정한 압과 속도록 손바닥을 많이 사용하여 쓰다듬는 애플러라지 테크닉을 적용 하고 이어 엄지손가락으로 대퇴사두는 전체에 강약이 배합된 압력으로 원을 그리며 촘촘히 프릭션한다.

(2) 대퇴이두근(biceps formoris muscle)

대퇴사두근과 반대 작용을 하며 앞뒤에서 함께 다리 근육의 균형을 이룬다. 골반에서 경골과 슬개골로 연결되며 엉덩이를 곧게 펴고 무릎을 구부리는 기능을 한다.

- **증상 :** 이 근육이 손상되면 다리를 구부릴 수 없고 이로 인한 단축으로 무릎이 펴지지 않아 달릴 수가 없다.
- **임상 기술 :** 엄지와 나머지 손가락으로 대퇴부 뒷면을 강약이 배합된 압력으로 페트리사지하고 이어 엄지를 이용하여 전체적으로 원을 그리며 촘촘히 특정 국소 부위에 자극을 주는 압력을 가하거나 지압과 같이 적용하는 프릭션 테크닉을 적용한다.

(3) 비복근(gastrocnemius muscle)

대퇴골 아래쪽에서 발꿈치로 연결되고 발바닥을 아래로 당기며 무릎을 구부리는 기능을 한다. 아킬레스건을 발꿈치에 붙도록 안정시키고 종아리 뒷면을 구성한다.

- **증상 :** 이 근육이 손상되면 무릎을 구부리기가 힘들고 발바닥을 지면에서 뗀 채로 걸으며 발목 손상과 부종이 나타난다.
- **임상 기술 :** 엄지와 나머지 손가락으로 뒷다리 아래쪽을 감사 조이며 일정한 압과 속도록 손바닥을 많이 사용하여 쓰다듬는 애플러라지 테크닉을 적용하고 이어 강약이 배합된 압력으로 뒷다리 아래쪽과 발목 부위를 반죽하듯 강약이 배합된 압력으로 근육과 피부를 주무르고 당기고 돌리고 쥐어짜고 밀어 올리는 페트리사지 테크닉을 적용한다.

2. 스트레칭(stretching)

반려동물의 스트레칭은 신체 각 부분을 평소에 움직이지 않는 방향으로 움직여 주거나, 일상적인 움직임 보다 크게 동작을 하여 혈액과 림프 순환이 촉진되고 시원함을 느낄 수 있도록 도와주는 운동이다. 산책이나 운동 전 후에 스트레칭을 하게 되면 근육의 긴장을 풀어주어 부상 방지와 운동 효과를 높일 수 있다. 스트레칭 동작은 3-5초 동안 천천히 움직여 동작을 만들고, 10-30초간 유지시켜 준다.

1) 앞다리 및 뒷다리 관절부와 배 부위

- 기지개를 켜듯 앞다리를 잡고 위쪽으로 들어 올리고 발이 지면에 간신히 닿도록 한다.
- 사지 관절부와 배 부위에 강한 스트레칭이 일어난다.

(1) 어깨 스트레칭

① 머리 앞으로 앞발을 뻗어 주도록 한다.

② 몸통 쪽으로 앞다리를 붙여 준다.

③ 앞 다리를 몸 바깥으로 벌려 준다.

④ 앞 다리를 몸 안으로 모아 준다.

(2) 발 관절

- 엄지와 인지로 앞발과 뒷발 관절을 강약이 배합된 압력으로 세심하게 스트레칭한다.
- 발 관절부 마디마다 강한 스트레칭이 일어난다.

가) 앞다리 발꿈치

① 앞다리 발꿈치를 굽혀 준다.

② 반대로 앞다리 발꿈치를 펴 준다.

나) 앞다리 발목

① 앞다리 발목을 굽혀 준다.

② 반대로 앞 발목을 펴 준다.

③ 앞다리 발목을 시계방향으로 원을 그리며 돌려준다.

④ 반대로 앞다리 발목을 반시계방향으로 원을 그리며 돌려준다.

다) 앞다리 발가락

① 앞다리 발가락 사이사이를 스트레칭 해준다.

라) 뒷다리 고관절

① 뒷다리를 몸 쪽으로 붙여 준다.

② 한 손으로 무릎 관절을 잡고 다른 한 손으로 뒷다리를 몸통에서 멀러지는 방향으로

뒤쪽으로 뻗어 준다.

③ 다리를 몸 바깥으로 벌려 준다.

④ 다리를 몸 안으로 모아 준다.

마) 뒷다리 무릎

① 무릎을 부드럽게 굽혀 준다.

② 반대로 무릎을 천천히 펴 준다.

바) 뒷다리 발목

① 뒷다리 발목을 굽혀 준다.

② 반대로 뒷다리 발목을 펴 준다.

③ 뒷다리 발목을 시계방향으로 원을 그리며 돌려준다.

④ 반대로 뒷다리 발목을 반시계방향으로 원을 그리며 돌려준다.

사) 뒷다리 발가락

① 뒷다리 발가락 사이사이를 스트레칭 해준다.

2) 목

① 반려동물이 자신의 배를 바라보게 주둥이를 잡고 천천히 조심해서 목을 구부려 준다.

② 반대로 반려동물이 하늘을 바라볼 수 있게 천천히 조심해서 목을 펴 준다.

③ 좌측과 우측 옆을 바라보게 고개를 천천히 조심해서 틀어 준다.

3) 척추와 견관절

① 무릎에 반려견의 등 부위를 올리고 양측 앞다리를 잡아 서서히 뒤로 조심스럽게 서서히 펴준다.

② 척추기립근과 상부 근육, 견관절 부위에 강한 스트레칭이 일어난다.

4) 허리와 체간부

① 골반부를 고정하고 서서히 좌우로 회전하면 반려견은 본능적으로 반대 방향으로 몸을 회전시켜 중심을 잡으려고 한다. 이와 같은 방법으로 반려견의 움직임에 맞추어 반대 방향으로 반복하여 실시한다.

② 허리와 체간부에 강한 스트레칭이 일어난다.

5) 흉부와 견관절

① 체간이 따라 오지 않도록 천천히 양측 앞다리를 잡아 상방으로 당겨 올린다.
② 흉부와 견관절에 강한 스트레칭이 일어난다.

6) 꼬리

① 꼬리를 물음표 모양으로 위쪽으로 해서 머리 쪽으로 천천히 조심해서 당겨 준다.
② 꼬리를 아주 약한 힘으로 뒤쪽으로 살짝 당겨 준다.

3. 림프 마사지

• 림프 마사지를 통하여 반려동물의 면역 활성 촉진과 질병 예방 및 피로물질 노폐물 배출 촉진 효과를 얻을 수 있다.

1) 사전 시술

① 엄지손가락 이외의 4개의 손가락을 모아 부드럽게 문질러 주도록 한다.
② 소형견의 경우에 엄지와 중지 두 손가락으로 하고, 중형, 대형견의 경우에 네손가락 또는 손가락 전체를 이용하여 시행할 수 있다.

2) 목 부위 림프절 마사지

① 엄지손가락 이외의 4개의 손가락을 모아 턱에서 목을 향해 부드럽게 문질러 주도록 한다.
② 목에서 어깨로 부드럽게 쓰다듬어 내려간다.

3) 등 마사지

① 다섯 손가락을 모아서 가볍게 손을 구부린 상태로 등을 부드럽게 두드려 전신의 림프에 가벼운 진동을 준다.

4) 어깨-앞다리 림프절

① 어깨에서 앞다리의 발톱 끝까지 소용돌이 모양으로 원을 그리며 문질러 준다.

5) 액와 림프절

① 반려동물의 등 뒤에서 집게손가락 옆면으로 반려동물의 겨드랑이에 닿도록 양손을 넣고 가볍게 쥐듯이 문지른다.

6) 서혜부 림프절

① 반려동물의 등 뒤에서 넓적다리 안쪽으로 양손을 넣고, 손가락의 두 번째 관절 부분을 사용하여 서혜부 림프절을 가볍게 누르며 주물러 준다.

7) 무릎 림프절

① 발 무릎의 슬와 림프절의 위아래 부위를 각각 양손의 엄지손가락과 집게손가락, 가운데손가락으로 쥐었다 폈다 하여 교대로 주물러 준다.

4. 얼굴 마사지

• 얼굴 마사지를 통하여 안면 부종 개선 및 얼굴 노폐물 배출 촉진 효과를 얻을 수 있다.

① 엄지손가락으로 입부위에서 귀 쪽으로 문질러 준다. 같은 방법으로 코 경계 부위, 눈 밑, 눈썹 안쪽에서 귀 쪽으로 문질러 준다.
② 귀 뒤쪽에서 목 밑까지 동그라미 마사지하기
③ 귓바퀴를 엄지손가락이나 집게손가락으로 주물러 준다.
④ 엄지손가락으로 눈 꼬리 바깥쪽 부위를 동그라미 마사지한다.
⑤ 엄지손가락과 집게손가락으로 눈썹 안쪽 부분을 누르면서 마사지한다.
⑥ 양손으로 반려동물의 얼굴을 살짝 당겨 픽업 마사지를 한다.
⑦ 반려동물의 목덜미에 튀어 나와 있는 연골돌기 위 쪽 부위를 픽업 마사지한다.

5. 마사지 수행 과정에 통증 부위 확인 및 질병의 예측

- 반려동물의 마사지를 하는 동안에 촉진 시 아파하거나 특이 증상을 관찰하여 평소 모르고 있었던 반려동물의 아픈 부위를 확인하고 질병의 예측과 진단에 도움을 줄 수 있다.
- 마사지 과정에 특별히 아파하거나 특이한 병변이 있는 경우에 즉시 수의사에 진단을 의뢰하여 정밀 검진을 통한 질병을 진단하고 치료를 받도록 하여야 한다.

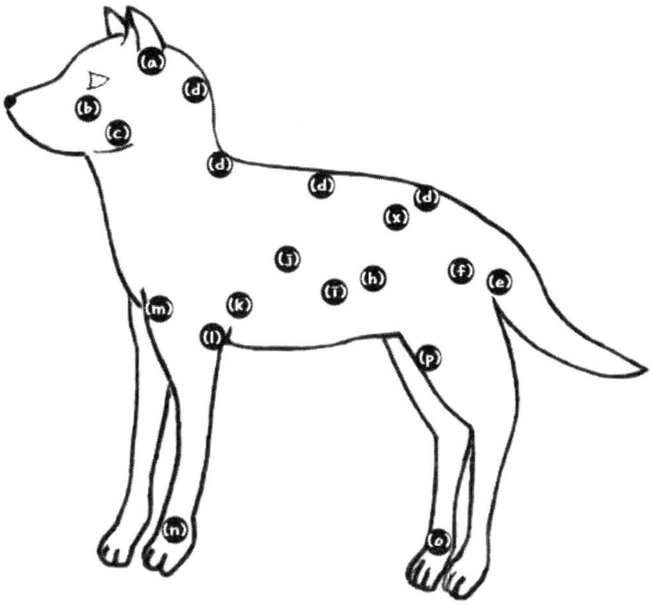

(a) 귀- 중이염/외이도 감염 (b) 치아농양, 잇몸감염 (c) 인두염, 편도선염 (d) 등-척추디스크 탈구, 관절염, (e) 항문낭 감염 (f) 엉덩이 관절염, 이형성증 (g) 방광염, 방광폐쇄 (h) 복통-이물폐색, 복막염 (i) 하복부통증-간염 , 췌장염 (j) 흉부-늑막염, 폐렴 (k) 심장부위-심낭염 (l) 팔꿈치-관절염, 활액낭염 (m) 어깨-관절염 (n) 앞발-이물, 낭종, l · m · k · d 부위 고통호소 (o) 뒷발-이물, p · f · g · d 부위 고통호소 (p) 무릎-십자인대 훼손, 슬개골 탈구 (x) 신장부위-신염

[출처] Fox, M. W. The Healing Touch For Cats. Newmarket Press. 2004. 7-92.

그림 4-2 반려견의 신체 부위별 통증과 연관된 질병

1) 귀

귀는 진단의 기본적인 키포인트로, 엄지나 검지를 이용해 개의 귀를 압력을 가해 눌렀을 때, 고통을 호소한다면 그것은 귀가 어떠한 감염에 걸린 것을 의미하는데, 격렬하게 머리를 흔들거나 귀를 긁는 것 또한 어떠한 문제가 있는 것으로 귀에 관한 감염증세가 보인다면 수의사를 찾아야 한다. 갈색 분비물은 진드기 감염 증상으로, 면봉으로 가볍게 귀의 겉 부분인 외이도를 닦아보면 쉽게 알아차릴 수 있고, 깨끗한 귀라면 약간의 귀지 말고는 아무것도 없어야 하며 불쾌한 냄새가 나거나하면 안되며, 귀가 통통하거나 두껍다고 느껴진다면, 혈종을 의심해 봐야하고, 혈종은 귀 진드기의 확산으로 발생하는 질병이기도 하기 때문에 반드시 수의사의 치료가 요구된다(Fox, 2004).

2) 목

목 뒤쪽의 통증이나 압박은 척추 디스크나 다른 척추질환이 있음을 의미한다. 특히, 개가 힘들게 걷는 모습을 보이거나 한 앞다리만을 사용하여 걷는다면 그 증상을 그대로 수의사에게 말해야 하며, 고통이 보이면 즉시 병원에 가야만 한다. 항상 손가락을 사용하여 부드럽게 반려견의 목 주변과 턱의 반대편을 만져보며 목의 통증이나 질환이 있는 경우, 땀샘이 팽창하고, 이 샘 크기가 급격히 커지거나 양측에 붓기가 보인다면, 림프암을 의심해 볼 수 있으므로 즉시 수의사의 진료를 받아야 한다(Fox, 2004).

3) 입

반려견의 입을 열고 잇몸에 붓기가 있는지 확인하고, 갈색부위가 있다면 그 크기를 확인하여 잇몸감염과 치아손실을 확인한다. 만성 치과문제를 가진 경우 브러쉬와 손을 사용해 반려견의 잇몸과 이빨을 마사지해주고, 만약 얼굴부근의 측면(윗니쪽)에 압력을 가했을 시 고통을 보인다면, 부비동염의 징후이거나 종기투성이의 치아일 수도 있다(Fox, 2004).

4) 흉부

흉부를 마사지 할 때 고통을 보인다면, 늑막염이나 폐렴 등의 호흡기 질환을 의심해 볼 수 있으며, 이것으로 인한 멍은 검출하기에 어려우나, 약간의 부종과 압통은 주요 징후로 나타난다(Fox, 2004).

5) 복부

반려견이 어렵게 호흡한다는 것은 심장병 또는 호흡기관 감염을 포함하여 여러 가지 질병을 예측해 볼 수 있다. 만약 복부가 부풀어 있거나 체력이 없다면 울혈성심부전일 가능성이 있고, 부드럽게 정기적으로 마사지 해주고 치료약물인 디기탈리스(Digitalis)를 처방받아 먹인다면, 이 질병을 가진 많은 노견들에게 도움이 되고, 특별한 식이요법과 동물병원에서의 정기적 검진을 통하여 회복을 돕도록 한다(Fox, 2004).

붓기는 임신을 나타내는 징후이기도 하다. 태아의 몸체는 5~6주 후 어미 개를 한쪽으로 눕힌 후에 만져보면 잘 느껴진다. 붓기와 통증이 동시에 보이면 복막염을 의심해 볼 수도 있다. 복막염은 고양이에게 잘 발병하는 질병으로 개에게서는 치명적이며, 특히 대형견에게서 더욱 위험하다. 또 뒷다리를 들어 올려 엉덩이의 대칭을 확인해보아 만약 한쪽 다리가 짧거나 얇다면 고관절 이형성증일 가능성이 있고, 이렇게 했을 때 반려견이 숨쉬기 힘들어 한다면 횡경막 허니아 일 수 있으니 수의사를 방문한다. 복부부위를 찌를 때 두려워하는 기색이 보인다면, 종양일 가능성을 염두에 두고 추가 합병증을 방지하기 위해 신속히 병원으로 가야하고, 미숙한 처치 시 자궁감염까지 발생시켜 방광파열을 일으킬 수도 있다(Fox, 2004).

항상 동물들의 외부 생식기를 만져보고 시각적으로 확인해 봐야하며, 생식기는 분홍색으로 촉촉한 상태이다. 비록 몇몇 수컷에서 성기 포피가 약간의 황색을 띠는 경우가 있지만, 그것은 주의하지 않아도 된다. 암컷 개의 갈색 분비물은 위험신호이니 수의사를 방문하도록 한다. 수컷의 경우, 고환이 다른 동종의 개들에 비해 비교적 클 경우 종양이 진행되고 있음을 의미하므로 위험신호이다(Fox, 2004).

암캐를 진단하거나 마사지 할 때 유두부분과 유방조직을 주의 깊게 살펴보도록 하자. 젖꼭지를 짜냈을 때 변색된 갈색 또는 녹색 분비물이 나온다면 감염을 의미한다. 선조직의 붓기는 임신 또는 상상임신을 나타내는 것일 수 있으며, 유방 종양이 커지는 것일 수도 있다. 이럴 경우 수술로 암의 확산을 막도록 한다. 이러한 일상적인 마사지는 유방종양이나 암을 탐지하여 당신의 개에게 보다 빠른 회복의 기회를 줄 것이다(Fox, 2004).

6) 등

부드럽게 만져보면 척추디스크문제나 내부 장애지표를 찾을 수 있다. 예를 들면, 신장질환이나 신장염 등을 말하며, 수컷의 전형적 예는 협심증, 심장질환, 겨드랑이 통증, 팔 통증을 느낄 경우이다(Fox, 2004).

7) 피부

일상적 진단마사지로 흉부, 복부, 머리 주름 등을 온통 손가락을 사용하여 만져보면 외부 기생충이나 종양 또는 습진, 탈모증 등을 발견할 수 있다(Fox, 2004).

IV

기능별 마사지

학습목표

1. 기능별 마사지 기법을 알 수 있다.
2. 증상 개선을 위한 마사지에 기대 효과를 이해할 수 있다.

반려견 마사지의 기본 테크닉에는 Stroking, Effleurage, Petrissage, Friction, Vibration, Tapotement, Nerve stroke 등이 있다.

이를 응용한 기능별 마사지방법으로는 스트레스 감소, 소화기관 트러블을 완화, 혈액순환 증진, 눈(백내장, 안구 건조증, 결막염) 트러블 감소, 고관절 통증완화가 있다(Fox, 2004).

이러한 기능별 마사지를 함으로써 나타나는 장점에는 반려동물과 인간과의 상호관계 상승, 스트레스 감소, 소화기관 문제 감소, 감각기관 기능 향상, 혈압 감소, 심신 이완, 근육 스트레칭, 우울 감소, 면역력 증진, 질병확인 등이 있다(Fox, 2004).

또한 병의 회복기의 촉매역할로 수술 후의 회복을 향상 시켜 줄 수 있는 자극제가 되며, 규칙적인 마사지는 반려견 뿐만 아니라 마사지를 해주는 사람에게도 심장강장제 역할을 해 줄 수 있다(Fox, 2004).

1. 어깨 결림 개선

① 등과 어깨뼈를 위에서 아래로 쓰다듬는 스트로크 마사지를 6~10회 적용한다.

② 좌우 어깨뼈 앞부분을 집게손가락, 가운데손가락, 셋째손가락으로 지압한다. 그대로 앞다리를 잡고 앞쪽으로 끌어당겨 돌리듯이 들어 올린다. 같은 방법으로 6~10회 적용한다.

③ 좌우 어깨관절 뒤쪽 부위를 지압한다. 같은 방법으로 좌우 각 8회 적용한다.

④ 목 위쪽 가운데 부위에서 시작하여 좌우를 머리 쪽에서 꼬리 쪽을 향해 갑볍게 주물러 주며 마사지한다. 같은 방법으로 6~10회 적용한다.

⑤ 앞다리 고관절을 구부렸을 때 생기는 주름의 바깥쪽부위를 지압한다. 같은 방법으로 8회 적용한다.

⑥ 양손으로 등의 위쪽 부위를 픽업 테크닉으로 가죽을 들어 올렸다 놓는 방법으로 적용한다. 같은 방법으로 6~10회 적용한다.

2. 비만 예방

1) 호르몬 분비 촉진에 의한 비만 예방

① 배를 시계 방향으로 천천히 문질러 준다. 같은 방법으로 6~10회 적용한다.
② 서혜부 림프절을 안쪽을 향해 문질러 준다. 같은 방법으로 6~10회 적용한다.
③ 양손으로 등의 위쪽을 픽업 테크닉으로 가죽을 들어 올렸다 좌우로 비트는 트위스트 테크닉 방법을 적용한다. 같은 방법으로 6~10회 적용한다.
④ 뒷다리 안쪽 부위를 지압한다. 좌우 각 8회 적용한다.
⑤ 앞다리 발목의 바깥쪽 부위를 지압한다. 좌우 같은 방법으로 6~10회 적용한다.

2) 지방분해에 의한 비만 예방

① 배를 시계 방향으로 천천히 문질러 준다. 같은 방법으로 6~10회 적용한다.
② 뒷다리 안쪽 부위에서 몸통 쪽으로 문질러 준다. 같은 방법으로 6~10회 적용한다.
③ 무릎 뒤에서 발뒤꿈치에 걸쳐 엄지손가락과 집게손가락으로 주물럭주물럭 하여 마사지한다. 같은 방법으로 6~10회 적용한다.
④ 뒷다리 안쪽 부위를 엄지손가락으로 발끝을 향해 지압한다. 같은 방법으로 6~10회 적용한다.
⑤ 귓바퀴를 엄지손가락 또는 집게손가락으로 지압한다. 좌우 같은 방법으로 6~10회 적용한다.

3) 스트레스 감소에 의한 비만 예방

① 배를 시계 방향으로 천천히 문질러 준다. 같은 방법으로 6~10회 적용한다.
② 갈비뼈 가장자리를 가슴에서 옆구리에 걸쳐 문질러 준다. 같은 방법으로 6~10회 적용한다.
③ 좌우 옆구리 부위 경혈을 가볍게 지압한다. 같은 방법으로 6~10회 적용한다.
④ 눈썹 안쪽 부위에서 눈썹 바깥 부위까지 엄지손가락 또는 집게손가락으로 문질러 준다. 같은 방법으로 6~10회 적용한다.
⑤ 귓바퀴를 엄지손가락 또는 집게손가락으로 지압한다. 좌우 같은 방법으로 6~10회 적용한다.

3. 스트레스 해소

① 눈썹 안쪽 부위에서 눈썹 바깥 쪽 부위까지 엄지손가락 또는 집게손가락으로 문질러 준다. 같은 방법으로 6~10회 적용한다.

② 양손으로 반려동물의 머리를 끼듯이 하여 엄지손가락으로 앞에서 뒤로 문질러 준다. 같은 방법으로 6~10회 적용한다.

③ 얼굴의 양쪽 피부를 잡아당기는 픽업 테크닉을 적용한다. 반려동물이 웃는 표정을 만들어 준다는 생각으로 잡아 당겼다 놓았다 한다. 같은 방법으로 6~10회 적용한다.

④ 앞발의 네 번째 발가락과 새끼발가락이 몸과 연결된 곳에 있는 경혈을 지압한다. 같은 방법으로 6~10회 적용한다.

⑤ 배꼽 밑 부위를 동그라미를 그리듯 마사지한다. 반려동물의 스트레스를 해소시킨다는 생각으로 문질러 준다. 좌우 같은 방법으로 6~10회 적용한다.

눈썹안쪽부터 바깥쪽까지 엄지손가락으로 문지른다.

미간에서 정수리 까지 양손으로 강아지의 머리를 끼듯이 하여 엄지손가락으로 문지른다.

볼의 가죽을 부드럽게 위로 당겨준다.

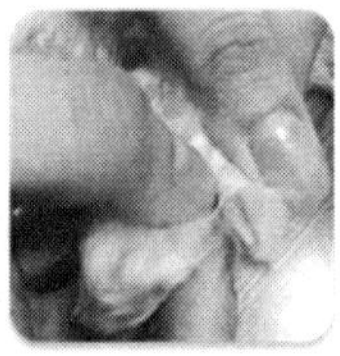

바깥쪽 두발가락 사이 근육을 지압한다.

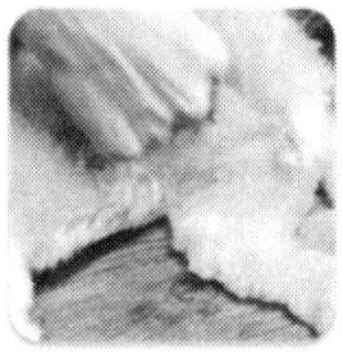

아랫배 부위를 원을 그리듯 마사지 한다.

그림 4-3 스트레스 해소를 위한 펫마사지

4. 노화 방지와 면역력 향상

① 앞다리 안쪽을 손목부터 팔 전체에 걸쳐 몸통 쪽으로 천천히 문질러 준다. 좌우 6~10회 적용한다.

② 겨드랑이 밑에 있는 액와 림프절을 주물러 준다. 좌우 6~10회 적용한다.

③ 앞다리의 겨드랑이 밑 피부를 잡아당기는 픽업 테크닉을 적용한다. 좌우 6~10회 적용한다.

④ 등뼈 중에 요추 (허리 부위 부분) 좌측과 우측 두 부분을 엄지손가락과 집게손가락 또는 가운데손가락을 더해 주물러 준다. 같은 방법으로 8회 적용한다.

⑤ 항문 위쪽 꼬리 부위를 면봉으로 지압한다. 같은 방법으로 3~5회 적용한다.

⑥ 골반의 가장 넓은 부분과 등뼈가 교차하는 곳에서 머리 뒷 머리 쪽까지 잡아 당겼다 놓았다 픽업 테크닉을 적용한다. 같은 방법으로 6~10회 적용한다.

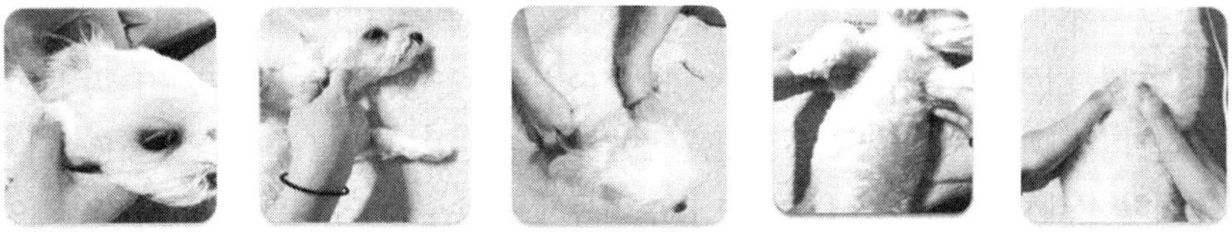

귀밑샘림프절 및 인두뒤림프절을 손가락 전체를 이용하여 풀어준다.

귀 밑에서부터 견갑 앞쪽으로 천천히 내려온다.

견갑에서 가슴으로 이어지는 부분을 손끝을 이용해서 쓸어 내린다.

겨드랑이 아래 손을 넣어 주무른다.

복부를 부드럽게 만지면서 내려간 후 사타구니 깊이 손바닥을 넣어 마사지한다.

그림 4-4 혈액순환 촉진을 위한 펫마사지

5. 원기 충전

① 배를 시계방향으로 천천히 문질러 준다. 같은 방법으로 6~10회 적용한다.

② 오른손을 머리에 대고 천천히 머리를 앞뒤로 문질러 준다. 같은 방법으로 6~10회 적용한다.

③ 두 귀의 양쪽 귓바퀴 시작점인 귀뿌리를 이은 선과 양쪽 코끝에서 머리 가운데로 곧장 뻗은 선이 교차하는 부분에 있는 경혈 자리 4지점을 잡았다 놓았다 하는 픽업테크닉을 적용한다.

④ 앞다리의 겨드랑이 밑 피부를 잡아당기는 픽업 테크닉을 적용한다. 같은 방법으로 6~10회 적용한다.

⑤ 앞다리와 뒷다리의 발가락들을 좌우에서 누르면서 당긴다. 같은 방법으로 6~10회 적용한다.

⑥ 뒷다리 발목의 앞뒤 중앙지점 경혈을 면봉으로 지압한다. 좌우 6~10회 적용한다.

6. 집중력 향상

① 머리뒤통수 후두부를 목의 연결 부위까지 쓰다듬어 내린다. 같은 방법으로 6~10회 적용한다.

② 눈 옆 부위 좌우 머리 옆 부위 측두부를 원을 그리듯 동그라미 마사지해 준다. 같은 방법으로 6~10회 적용한다.

③ 목의 옆면을 위에서 아래로 좌우 교대하여 쓰다듬어 준다. 목의 아래쪽에서 앞다리 방향으로 부드럽게 마사지 한다.

7. 배뇨 문제 개선

① 배를 시계방향으로 천천히 문질러 준다. 같은 방법으로 6~10회 적용한다.
② 뒷다리 바깥쪽을 넓적다리에서 발톱끝을 향해 문질러 준다. 좌우 6~10회 적용한다.
③ 맨 뒤 갈비뼈에서 넓적다리 부분에 걸쳐 문질러 준다. 좌우 6~10회 적용한다.
④ 허벅지 안쪽을 향해 서혜부 림프절을 문질러 준다. 좌우 6~10회 적용한다.
⑤ 등뼈 중 허리 부위 요추 좌우 지점을 지압해 준다. 같은 방법으로 6~10회 적용한다.
⑥ 뒷다리 안쪽 복사뼈와 무릅을 연결하는 선상에서 2/5 되는 지점을 지압한다. 좌우 6~10회 적용한다.
⑦ 뒷다리 안쪽 발바닥 중앙을 엄지손가락으로 발끝을 향햐 지압한다. 좌우 6~10회 적용한다.
⑧ 뒷다리 안쪽 무릎 관절 위쪽을 지압한다. 좌우 6~10회 적용한다.
⑨ 뒷다리 발목 양쪽을 주물러 준다. 좌우 6~10회 적용한다.

8. 소화 문제

① 양쪽 손바닥을 반려동물 허리에 대고 어깨뼈를 향해 문질러 준다. 좌우 6~10회 적용한다.
② 배를 시계방향으로 천천히 문질러 준다. 같은 방법으로 6~10회 적용한다.
③ 배꼽 중심으로 상하좌우 십자 모양으로 문질러 준다. 같은 방법으로 6~10회 적용한다.
④ 뒷다리 바깥쪽 무릎과 바깥 복사뼈를 연결하는 선상에서 무릎관절 1/4 지점에 있는 경혈 지점을 지압한다. 좌우 6~10회 적용한다.
⑤ 뒷다리 안쪽 대퇴부 지점을 지압한다. 좌우 6~10회 적용한다.
⑥ 뒷다리 안쪽 발바닥 중앙을 엄지손가락으로 발끝을 향햐 지압한다. 좌우 6~10회 적용한다.
⑦ 뒷다리 안쪽 무릎 관절 위쪽을 지압한다. 좌우 6~10회 적용한다.

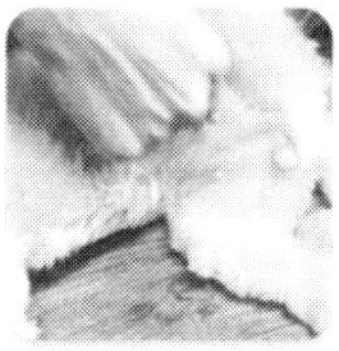
시계방향으로 배를 천천히 문지른다.

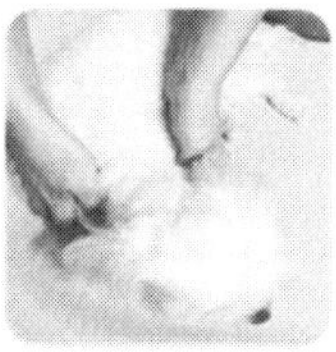
두 손을 허리에 대고 어깨뼈를 향해 올라가며 주무른다.

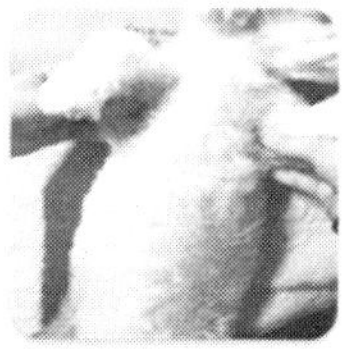
배를 보이도록 눕혀 겨드랑이 주변 곳곳을 문지른다.

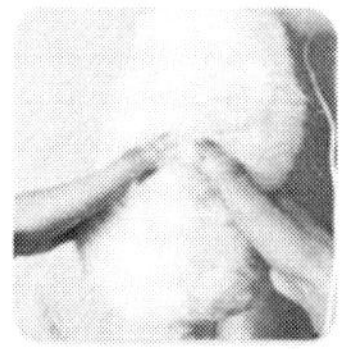
골반 뼈의 양쪽 끝과 척추중앙 부분을 지압한다.

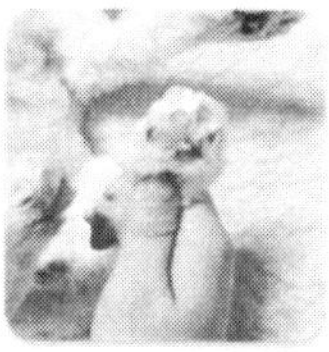
뒷발허리뼈의 1/4 지점을 지압한다.

그림 4-5 소화기관 문제 해소를 위한 펫마사지

9. 배변 문제 개선

① 배를 시계방향으로 천천히 문질러 준다. 같은 방법으로 6~10회 적용한다.

② 두손을 허리에 대고 어깨뼈를 향해 올라가며 주물러준다. 좌우 6~10회 적용한다.

③ 겨드랑이 밑에 있는 액와 림프절을 문질러 준다. 좌우 6~10회 적용한다.

④ 등뼈 중에 허리뼈의 위쪽 좌우 지점과 아래 쪽 부위를 각각 손가락으로 지압한다. 설사일 때는 부드럽게 변비일 때는 강하게 한다. 각각 6~10회 적용한다.

⑤ 뒷다리 바깥쪽 무릎과 바깥 복사뼈를 연결하는 선상에서 무릎관절 1/4 지점에 있는 경혈을 지압해 준다. 좌우 6~10회 적용한다.

10. 수면 문제 개선

① 두 손으로 머리를 잡고 정수리부터 뒤통수 후두부를 향해 바깥쪽으로 반원을 그리듯 천천히 문질러 준다. 같은 방법으로 6~10회 적용한다.

② 앞다리 바깥쪽을 발끝에서 몸통을 향해 문질러 준다. 좌우 6~10회 적용한다.

③ 귀 밑을 잡고 원을 그리듯이 동그라미 마사지를 해준다. 좌우 6~10회 적용한다.

④ 앞다리 발목 아래에 있는 엄지발가락 작은 육구의 오목한 곳을 손가락 또는 면봉으로 지압한다. 좌우 6~10회 적용한다.

⑤ 뒷다리 안쪽 발귀꿈치 튀어나온 부분에서 발톱 끝을 향해 엄지손가락으로 문질러 준다. 좌우 6~10회 적용한다.

11. 체력감퇴와 권태감 개선

① 배의 명치 부위에서 목 부위를 향해 올라가며 천천히 문질러 준다. 같은 방법으로 6~10회 적용한다.
② 뒷다리 무릅 뒤 중앙 부위에서 발뒤꿈치를 향해 엄지손가락으로 문질러 준다. 좌우 6~10회 적용한다.
③ 뒷다리 안쪽 복사뼈와 무릅을 연결하는 선상에서 2/5 되는 지점에서 뒷다리 안쪽 무릎 바로 밑에 있는 뼈와 안쪽 복사뼈를 연결한 선상을 따라 올라가며 문질러 준다. 좌우 6~10회 적용한다.
④ 앞다리 안쪽 가장 큰 패드 육구의 발목에 있는 부위를 지압해 준다. 좌우 6~10회 적용한다.
⑤ 등뼈 중에 허리뼈의 위쪽 좌우 지점을 문질러 준다. 좌우 6~10회 적용한다.
⑥ 배꼽 밑 부위를 집게손가락과 가운데손가락으로 두드려 준다. 좌우 6~10회 적용한다.

12. 귀 문제 개선

① 뒷다리 안쪽을 발끝에서 안쪽 허벅지를 향해 문질러 올라간다. 좌우 6~10회 적용한다.
② 손바닥으로 배에서 가슴에 걸쳐 문질러 준다. 좌우 6~10회 적용한다.
③ 귀바퀴 시작점인 귀뿌리 부위를 주물러 준다. 좌우 6~10회 적용한다.
④ 뒷다리 안쪽 복사뼈 밑 부위를 지압한다. 좌우 6~10회 적용한다.
⑤ 등뼈 중에 허리뼈의 위쪽 좌우 지점을 문질러 준다. 좌우 6~10회 적용한다.
⑥ 배꼽 밑 부위를 집게손가락과 가운데손가락으로 두드려 준다. 좌우 6~10회 적용한다.

13. 눈 문제 개선

① 앞다리 안쪽을 발가락끝에서 발꿈치를 향해 문질러 올라간다. 좌우 6~10회 적용한다.
② 눈썹 안쪽에서 눈썹 바깥쪽까지 엄지손가락 또는 집게손가락으로 문질러 준다. 좌우 6~10회 적용한다.
③ 눈썹 주변을 조심스럽게 가죽을 당겼다 놓는 픽업 테크닉으로 적용해 준다. 좌우 6~10회 적용한다. 좌우 6~10회 적용한다.
④ 양 눈의 사이 인중 부위를 가볍게 주물러 준다. 같은 방법으로 6~10회 적용한다.
⑤ 눈 밑의 오목한 지점을 눈썹 바깥쪽 부위까지 문질러 준다. 좌우 6~10회 적용한다.

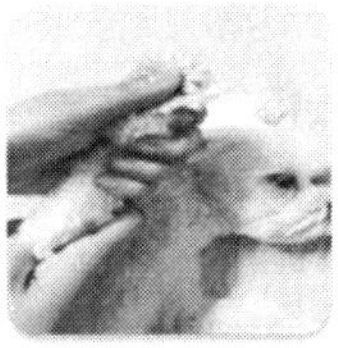

앞다리 안쪽을 발가락 끝에서 발꿈치를 향해 문지른다.

눈썹의 안쪽부터 바깥쪽으로 엄지손가락 또는 집게손가락으로 문지른다.

눈썹 주변을 조심스럽게 들었다 놨다 한다.

눈 사이 미간을 가볍게 주무른다.

눈 밑 오목한 곳부터 눈썹 끝까지 부드럽게 마사지 한다.

그림 4-6 눈 건강 문제 해소를 위한 펫마사지

14. 앞다리 문제

① 앞다리 바깥쪽을 발등에서부터 어깨를 향해 손끝으로 가볍게 문질러 올라간다. 좌우 6~10회 적용한다. 좌우 6~10회 적용한다.

② 엄지손가락으로 발꿈치 바깥쪽의 꼭지점 부위를 시계방향으로 문질러 준다. 좌우 6~10회 적용한다. 좌우 6~10회 적용한다.

③ 앞다리 바깥쪽 발꿈치 관절과 발목 관절을 연결한 선상으로 발꿈치에서 1/6 지점을 눌러서 지압한다. 좌우 6~10회 적용한다.

④ 앞다리의 고관절을 구부렸을 때 생기는 주름의 바깥쪽 부위를 가볍게 눌러서 지압한다. 좌우 6~10회 적용한다.

15. 뒷다리 문제

① 손바닥 전체를 이용해 등을 앞뒤로 문질러 준다. 좌우 6~10회 적용한다.

② 배와 다리가 연결되어 접히는 지점의 경혈을 잡아 당겼다 놓는 픽업 테크닉을 적용한다. 좌우 6~10회 적용한다.

③ 뒷다리 무릎 밑 안쪽 지점과 바깥쪽 지점 양쪽을 손에 끼듯이 하여 문질러준다. 좌우 6~10회 적용한다. 좌우 6~10회 적용한다.

④ 뒷다리 발바닥 패드 중 가운데 큰 패드 육구를 발톱 끝을 향해 지압한다. 좌우 6~10회 적용한다.

⑤ 뒷다리 발가락 사이사이 지간을 발톱끝을 향해 엄지손가락으로 문질러 준다. 좌우 모든 지간을 6~10회 적용한다.

⑥ 골반의 폭이 가장 넓은 곳과 등뼈가 교차하는 지점의 등쪽 오목한 부위를 지압한다. 좌우 6~10회 적용한다.

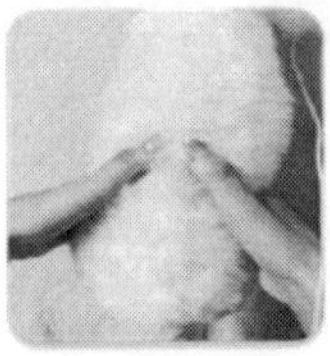

손바닥 전체를 이용해 등을 앞뒤로 문지른다.

엄지와 검지로 허구리 쪽 피부를 잡아서 끌어올린다.

뒷다리 안쪽의 정강뼈 뒷발허리 양쪽을 엄지와 검지 사이에 끼어 문지른다.

뒷다리의 가장 큰 발 볼록 살을 발톱을 향해 밀듯이 지압한다.

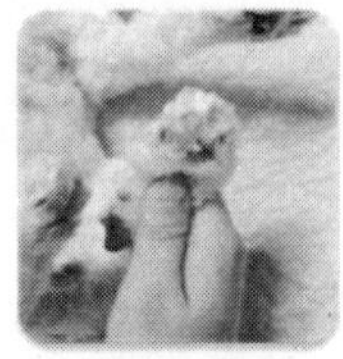

각 발가락 사이 살가죽을 엄지로 문지른다.

엉치뼈의 정 가운데를 지압한다.

그림 4-7 고관절 통증 완화를 위한 펫마사지

16. 허리통증 문제

① 엉덩이뼈 둘레를 원을 그리듯이 동그라미 마사지한다. 좌우 6~10회 적용한다.

② 등뼈와 양쪽 넓적다리 연결 부위에서 앞쪽을 향해 문질러 준다. 좌우 6~10회 적용한다.

③ 무릎 뒤에서 넓적다리 연결부를 향해 문질러준다. 좌우 6~10회 적용한다. 좌우 6~10회 적용한다.

④ 배를 위에서 아래쪽으로 문질러 준다. 같은 방법으로 6~10회 적용한다.

⑤ 뒷다리 발목 양쪽을 손에 끼우듯이 하여 주물러 준다. 좌우 6~10회 적용한다.

⑥ 등뼈 중에 허리뼈의 위쪽 좌우 지점을 지압한다. 좌우 6~10회 적용한다.

⑦ 뒷다리의 넓적다리 뒤 부분을 지압한다. 좌우 6~10회 적용한다.

⑧ 뒷다리 넓적다리 바깥쪽 부분을 지압한다. 좌우 6~10회 적용한다.

⑨ 뒷다리 넓적다리 안쪽 부분을 지압한다. 좌우 6~10회 적용한다.

17. 무릎 문제

① 뒷다리 바깥쪽을 발톱 끝에서 넓적다리 연결부위까지 문질러 올라간다. 좌우 6~10회 적용한다.
② 뒷손바닥으로 무릎 전체를 감싸듯이 하여 주물러 준다. 좌우 6~10회 적용한다.
③ 뒷다리 무릎 뒤쪽 중앙 부위를 엄지손가락 이외의 손가락은 무릎 앞쪽에 대고 엄지손가락으로 지압을 한다. 발 좌우 모든 지간을 6~10회 적용한다.
④ 뒷다리 발바닥에 있는 가운데 가장 큰 패드 육구를 지압한다. 좌우 6~10회 적용한다.

18. 피부 문제

① 앞다리 바깥쪽을 손가락 끝으로 어깨뼈를 향해 문질러 준다. 좌우 6~10회 적용한다.
② 안면부의 좌우 턱뼈 위에 있는 오목한 지점을 집게손가락 또는 가운데손가락을 더해 앞에서 뒤로 부드럽게 주물러 준다. 좌우 6~10회 적용한다.
③ 무릎 뒤에서 넓적다리의 연결부를 향해 엄지손가락으로 문질러 준다. 좌우 6~10회 적용한다.
④ 뒷다리 안쪽 무릎 약간 위에 있는 오목한 지점을 지압한다. 좌우 6~10회 적용한다.
⑤ 전신의 피부 가죽을 들었다 놓는 픽업 테크닉으로 적용하면서 좌우로 비틀어 주는 트위스트 테크닉을 적용해 준다. 같은 방법으로 6~10회 적용한다.

19. 감기

① 목뒤 쪽 중앙부의 좌우에 있는 얕게 오목한 부분을 주물러 주거나 엄지손가락으로 지압한다. 좌우 6~10회 적용한다.
② 후두부에서 등까지 앞뒤로 문질러 준다. 관련 경락을 자극함으로써 면역력을 향상시켜 준다. 좌우 6~10회 적용한다.
③ 앞다리 바깥쪽을 발톱 끝에서 연결부를 향해 문질러 준다. 좌우 6~10회 적용한다.
④ 좌우의 눈썹 중간지점에서 코끝에 털이 없는 부분과 털이 있는 부분의 교차점까지 집게손가락으로 문질러 준다. 콧물, 코 막힘을 해소한다. 좌우 6~10회 적용한다.
⑤ 목 중간에 있는 연골 위부분의 피부 가죽을 들어 올렸다 놓는 픽업 테크닉을 적용한다. 기침을 진정시킨다. 같은 방법으로 6~10회 적용한다.
⑥ 한 손으로 꼬리의 시작 부분을 단단히 잡고, 다른 한 손으로는 꼬리 끝 지점의 경혈을 잡아당긴다.

표 4-18 기능별 마사지 방법 요약

순서 \ 기능	스트레스 해소	소화기관 트러블	혈액순환	백내장, 안구 건조증, 결막염 트러블	고관절 통증의 완화
I	눈썹 안쪽부터 바깥쪽까지 엄지손가락으로 문지른다.	시계방향으로 배를 천천히 문지른다.	귀밑샘림프절 및 인두뒤 림프절을 손가락 전체를 이용하여 풀어준다.	앞다리 안쪽을 발가락 끝에서 발꿈치를 향해 문지른다.	손바닥 전체를 이용해 등을 앞뒤로 문지른다.
II	미간에서 정수리까지 양손으로 강아지의 머리를 끼듯이 하여 엄지손가락으로 문지른다.	두 손을 허리에 대고 어깨뼈를 향해 올라가며 주무른다.	귀 밑에서부터 견갑 앞쪽으로 천천히 내려온다.	눈썹의 안쪽부터 바깥쪽으로 엄지손가락 또는 집게손가락으로 문지른다.	엄지와 검지로 허구리 쪽 피부를 잡아서 끌어올린다.
III	볼의 가죽을 부드럽게 위로 당겨준다.	배를 보이도록 눕혀 겨드랑이 주변 곳곳을 문지른다.	견갑에서 가슴으로 이어지는 부분을 손끝을 이용해서 쓸어내린다.	눈썹 주변을 조심스럽게 들었다 놨다 한다.	뒷다리 안쪽의 정강뼈 및 종아리뼈와 뒷발허리 양쪽을 엄지와 검지 사이에 끼어 문지른다.
IV	바깥쪽 두발가락 사이 근육을 지압한다.	골반 뼈의 양쪽 끝과 척추 중앙 부분을 지압한다.	겨드랑이 아래 손을 넣어 주무른다.	눈 사이 미간을 가볍게 주무른다.	뒷다리의 가장 큰 발 볼록 살을 발톱을 향해 밀듯이 지압한다.
V	아랫배 부위를 원을 그리듯 마사지 한다.	뒷발허리뼈의 1/4지점을 지압한다.	겨드랑이에서 사타구니까지 이어진 복부를 부드럽게 만지면서 내려간 후 사타구니 깊숙이 손바닥을 넣어 마사지한다.	눈 밑 오목한 곳부터 눈썹 끝까지 부드럽게 마사지 한다.	각 발가락사이 살가죽을 엄지로 문지른다.
VI	-	-	무릎 뼈 뒤 장딴지부분을 지압해준다.	-	엉치뼈의 정 가운데를 지압한다.

Q&A

◎ **펫마사지**(pet massage)**란?**

펫마사지(pet massage)는 반려동물인 개와 고양이들에게 마사지를 해 주는 것으로, 펫마사지를 통하여 반려동물에게 휴식을 줄 수 있고, 스킨십을 제공하여 반려동물들이 사람들과 사회화가 촉진되며, 공격적 성향을 갖지 않도록 하기위한 예방 효과도 유도할 수 있다.

◎ **펫마사지사란?**

펫마사지사는 한국동물매개심리치료학회(http://www.kaaap.org/)에서 발급하는 펫마사지사 자격증을 취득한 자로서, 반려동물인 개와 고양이들에게 전문 마사지테라피를 시술하여 반려동물에게 휴식을 줄 수 있고, 스킨십을 제공하여 반려동물의 사회화 촉진 등을 유도할 수 있는 전문가이다.

알아둡시다

▶ **펫마사지의 효과**

펫마사지의 대표적 효과는 아래와 같다.

① 안정과 통증 완화
② 노화 방지
③ 면역력 강화
④ 대사 촉진
⑤ 혈액 순환 촉진
⑥ 림프 순환 촉진
⑦ 비만 예방
⑧ 간기능 개선
⑨ 신장기능 개선
⑩ 근육 이완
⑪ 관절통증 경감
⑫ 스트레스 해소와 긴장 완화
⑬ 신체 기능 향상 효과

단원 학습 정리

1. 펫마사지(pet massage)는 반려동물인 개와 고양이들에게 마사지를 해 주는 것으로, 펫마사지를 통하여 반려동물에게 휴식을 줄 수 있고, 스킨십을 제공하여 반려동물들이 사람들과 사회화가 촉진되며, 공격적 성향을 갖지 않도록 하기위한 예방 효과도 유도할 수 있다.
2. 펫마사지사는 한국동물매개심리치료학회(http://www.kaaap.org/)에서 발급하는 펫마사지사 자격증을 취득한 자로서, 반려동물인 개와 고양이들에게 전문 마사지테라피를 시술하여 반려동물에게 휴식을 줄 수 있고, 스킨십을 제공하여 반려동물의 사회화 촉진 등을 유도할 수 있는 전문가이다.
3. 펫마시지는 반드시 수의학적으로 증명된 물리치료 방법의 하나로 그 효과가 증명된 요소가 될 수 있다.
4. 펫마사지의 주의점 중에 가장 중요한 요소 중 하나는 동물의 크기나 건강 상태에 따라 적용할 수 있는 마사지 기술이 다르다는 점과 적합한 마사지 기술을 선택할 수 있는 전문 지식을 갖추어야 한다는 점이다.
5. 펫마사지는 반려동물과 마사지 시술자 간에 손으로 나누는 대화로 마사지 테크닉보다는 주인이 자신의 반려동물에게 사랑의 메시지를 전하는 시간이 되어야 한다.
6. 펫마사지는 반려동물의 모든 질병과 질환을 치료하는 만병통치가 아니라는 점을 항상 주지해야 한다.
7. 펫마사지는 동물복지를 가장 기본으로 준수하여야 하며 반려동물과 시술자 쌍방향에 행복감을 증진시킬 수 있어야 한다.

기적의 손 치유 '애니멀 레이키'

동물과 대화를 할 수 있다면 얼마나 좋을까 하는 생각은 모든 반려동물이 갖는 바람이다.

특히나 그 동물이 아프거나, 이상행동을 한다면 말이다.

애니멀 커뮤니케이터였던 '애니멀 레이키'라는 책의 저자는 어느 날 자신이 기르던 고양이 칸쵸가 복막염에 걸린 후 처음으로 시도한 레이키 힐링을 통해 치유를 경험하면서 '애니멀 레이키 힐러'의 길을 걷게 되었다.

칸쵸는 완치 후 한 달 만에 세상을 등졌지만 이 책은 '애니멀 레이키' 저자가 칸쵸를 통해 '레이키의 기적을 경험하고 힐러로 살아가기로 결심 한 뒤 2천5백 마리가 넘는 동물과 교감상담을 하고 3백여 마리의 아픈 동물들을 상대로 치유 작업을 해온 경험들을 기록하였다.

'레이키'란 우주에 가득한 생명의 에너지, 사랑의 에너지를 뜻한다. 중국이나 우리나라에서는 '기(氣)'라고 부르는 우주 에너지를 말하는데, 일본에서는 우스이 미카오라는 사람이 우주 에너지를 이용한 치유법을 발견한 뒤 일본식 발음으로 '영기(靈氣)'란 단어를 '레이키'라 부르게 되었다.

힐러는 우주로부터 레이키를 받아서 사람이나 동물의 아픈 부위 쪽에 손을 대고 그대로 흘려주면 자연스럽게 치유가 일어난다. 미국이나 서양에서는 과학적인 연구도 많고 실제 병원에서 환자의 회복을 돕는 유용한 도구로 사용되고 있으며 세계 보건기구에서도 대체의학의 하나로 공식인정하고 있지만 한국에서는 보편적이지 않는 치유법이기도 하다.

[출처] 애니멀 레이키, 샨티출판사

memo

CHAPTER 05

펫뮤직테라피

Pet Music Therapy

Ⅰ. 펫뮤직테라피 개요
Ⅱ. 펫뮤직테라피 실제

펫뮤직테라피(pet music therapy)는 반려동물인 개와 고양이들에게 음악을 들려주어 반려동물에게 심리적 안정과 휴식을 제공하는 요법이다.

이미 효과가 검증된 음악을 이용하여, 반려동물에게 심신의 건강이나 안정을 유도하는 기술로 펫뮤직테라피가 이용된다. 또한, 반려동물 뿐 아니라 보호자 생활에 음악을 도입해 반려동물과 보호자 둘 다의 스트레스를 해소하거나 심신을 휴식시키는 일도 포함할 수 있다.

펫뮤직테라피는 펫마사지나 펫요가, 펫아로마테라피를 하면서 함께 수행하여 상호 시너지 효과를 얻을 수도 있다.

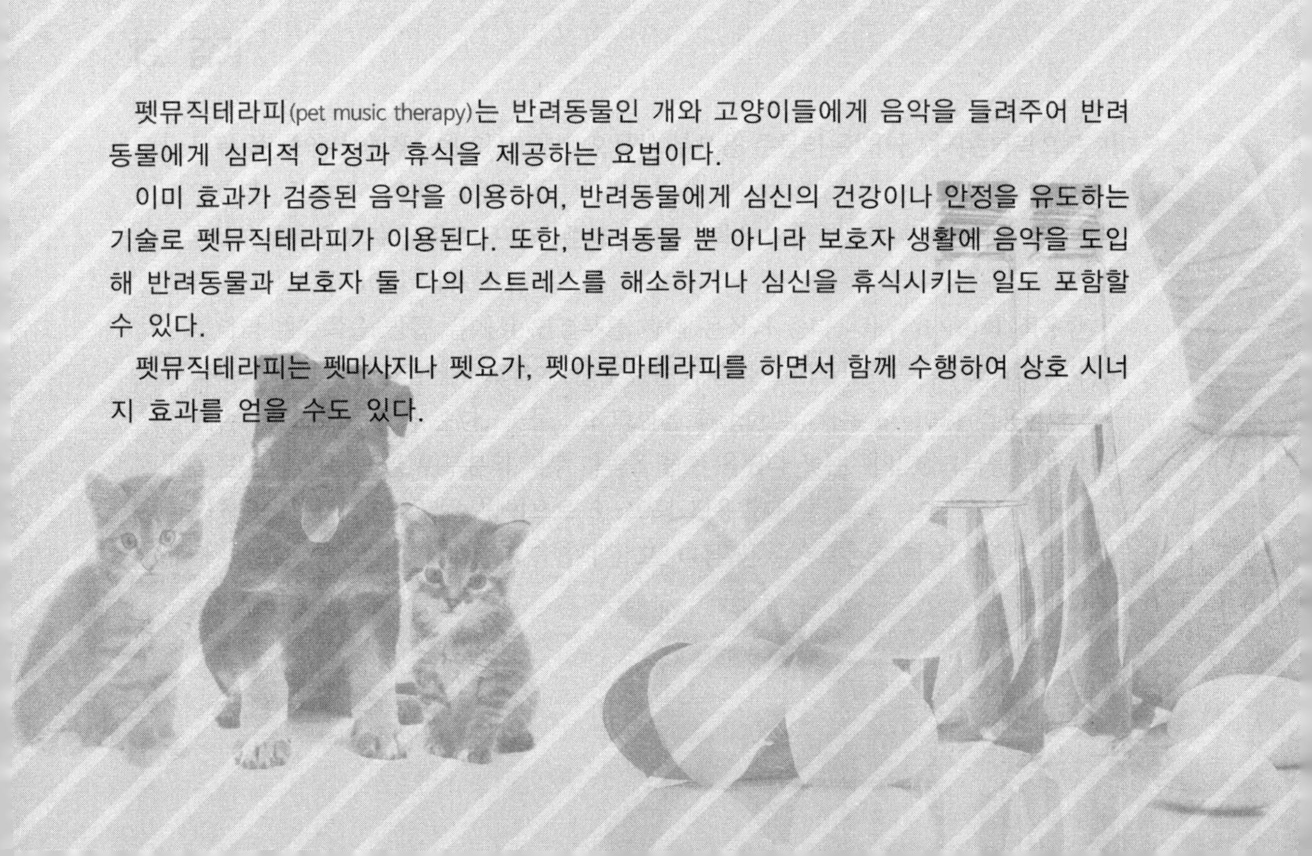

I

펫뮤직테라피 개요

학습목표

1. 펫뮤직테라피 정의를 알 수 있다.
2. 펫뮤직테라피 효과를 이해할 수 있다.
3. 펫뮤직테라피의 주의점과 금기 사항을 알 수 있다.

1. 펫뮤직테라피 정의

1) 펫뮤직테라피란?

펫뮤직테라피(pet music therapy)는 반려동물인 개와 고양이들에게 음악을 들려주어 반려동물에게 심리적 안정과 휴식을 제공하는 요법이다.

연구 결과들에 의하면 음악이 동물의 행동에 영향을 미칠 수 있다고 한다. 반려동물을 위한 뮤직테라피는 행동 문제나 불안 장애를 가진 반려동물의 치유를 돕는 방법으로 이용될 수 있다.

음악은 반려동물에게 소리 환경을 조절하고 치유 효과를 제공하는 한 방법이다.

음악은 반려동물과 그들의 주인의 마음을 누그러뜨려 주고 위로해주는 효과를 가지고 있고 이러한 이유로 반려동물과 그들의 주인의 스트레스를 해소해 줄 수 있다.

과학적으로 동물에 효과가 입증된 다양한 클래식 음악을 이용하여 반려동물의 심리치료, 행동 교정을 수행하는 분야가 펫뮤직테라피이다.

펫뮤직테라피는 펫마사지나 펫요가, 펫아로마테라피를 하면서 함께 수행하여 상호 시너지 효과를 얻을 수도 있다.

펫뮤직테라피(pet music therapy)는 반려동물인 개와 고양이들에게 음악을 들려주어 반려동물에게 심리적 안정과 휴식을 제공하는 요법이다. 과학적으로 동물에 효과가 입증된 다양한 클래식 음악을 이용하여 반려동물의 심리치료, 행동 교정을 수행하는 분야가 펫뮤직테라피이다.

2. 펫뮤직테라피의 효과

이미 효과가 검증된 음악을 이용하여, 반려동물에게 심신의 건강이나 안정을 유도하는 기술로 펫뮤직테라피가 이용된다. 또한, 반려동물 뿐 아니라 보호자 생활에 음악을 도입해 반려동물과 보호자 둘 다의 스트레스를 해소하거나 심신을 휴식시키는 일도 포함할 수 있다.

1) 개들은 클래식 음악을 더 좋아한다.

신경계에 소리의 영향을 연구하는 과학자들에 의하면 음악이 반려동물에 안정을 유도하고 행동을 조정할 수 있다고 한다.

연구결과에 의하면, 클래식 음악에 의해서 번식장 개들의 70%가 가정에서 키우는 개들의 85%가 천둥소리, 낯선 사람의 방문, 분리 불안 등에 의한 스트레스 환경에서 스트레스가 경감되었다.

2) 긴장 이완 효과 유도

음악은 반려동물에 긴장을 이완시키고 편안한 마음을 갖게 하여 불안감을 줄이고, 스트레스를 경감시켜 주며, 결과적으로 건강 향상과 복지 향상에 기여할 수 있다.

3) 진정 효과 유도

음악은 반려동물의 귀를 즐겁게 하는 톤으로 구성되어 반려동물의 진정 효과를 유도한다.

4) 반려견에 듣기 좋은 음

개는 사람 보다 같은 음을 2배 더 시끄럽게 들을 수 있다. 따라서 반려견에 듣기 좋은 음은 중저음으로 구성하고 노래는 음 높이의 갑작스런 변화를 주지 않는 부드러운 노래로 구성하는 것이 적합하다.

5) 반려동물에 음악의 효과와 펫뮤직테라피

음악은 반려동물을 진정시키고, 불안을 줄여 줄 수 있으며, 스트레스를 감소하고 긴장을 이완해 주며 수면을 유도할 수 있다.

이러한 음악을 이용한 반려동물의 안정과 건강 향상을 유도하기 위한 대체요법을 펫뮤직테라피라 부른다.

6) 동물 보호자에 대한 음악의 효과

음악은 반려동물과 더불어 그들의 주인들에게도 휴식과 안정, 긴장 완화, 스트레스 감소 효과를 동시에 제공한다.

> 펫뮤직테라피는 반려동물에게 심신의 건강이나 안정을 유도할 수 있다. 또한, 반려동물과 보호자 둘 다의 스트레스를 해소하거나 심신을 휴식시키는 일도 포함할 수 있다.

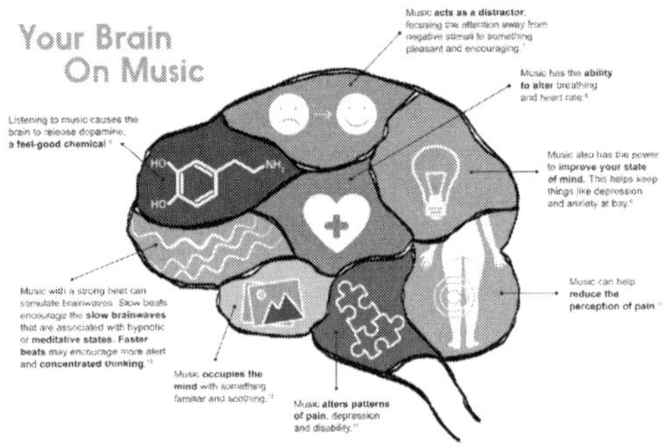

[출처] http://www.healthy-holistic-living.com/

그림 5-1 펫뮤직테라피와 작용 기전

3. 펫뮤직테라피의 이점

연구를 통하여 개와 고양이의 심리적 안정에 도움을 주는 클래식 음악 모음들이 보급되고 있으며, 이러한 개와 고양이를 위한 클래식 음악을 이용하면 다음과 같은 측면에서 이점을 가지고 있다.

1) 개와 고양이의 측면

1. 심리적 안정 유도
2. 개와 고양이의 긴장 완화
3. 짖는 행동 감소
4. 불안 감소
5. 긴장 이완
6. 스트레스 감소
7. 동물복지 향상
8. 건강 향상

2) 동물병원 측면

1. 환자 동물들의 병원 내원 스트레스 경감
2. 환자 동물들의 치료 효과 상승
3. 행동문제 있는 환자 동물의 진정 작용
4. 보호자 주인에 안정감 제공
5. 보호자 주인의 스트레스 경감
6. 동물복지 향상
7. 동물병원 운영에 도움을 제공

3) 동물보호센터 측면

1. 보호 동물들의 짖음과 같은 문제 행동 감소
2. 보호 동물들의 긴장 이완과 스트레스 감소
3. 동물복지 향상
4. 입양 희망 사람들의 마음 이완 및 행복감 증가
5. 입양율 향상

4) 훈련소, 애견까페 측면

1. 동물들의 문제 행동 감소
2. 동물들의 건강 이완과 스트레스 감소
3. 보호자 주인에 안정감 제공
4. 동물복지 향상
5. 운영에 도움을 제공

테라피 뮤직의 이용 가능 분야

1. 동물보호센터에서 보호하는 개와 고양이들에 음악을 적용시켜 안정과 짖는 행동을 줄이는 효과를 얻을 수 있다.
2. 동물병원 진료실에 테라피 뮤직을 틀어 동물들의 안정 효과를 얻을 수 있다.
3. 동물보호센터의 입양 희망자들에 안정감과 입양 선호도 상승으로 유기동물 입양율을 높일 수 있다.
4. 동물병원 방문 보호자들의 심리 안정으로 진료 만족도 상승효과를 얻을 수 있다.

표 5-1 펫뮤직테라피의 SWOT 분석

강점(Strength)	약점(Weakness)
• 반려동물 문제 행동 교정 보조 • 반려동물 스트레스 감소 • 반려동물 복지 향상 • 반려동물과 보호자 상호교감 증대 • 보호자 지도 교육 가능 • 펫뮤직테라피센터 운영 가능 • 펫요가, 펫마사지와 시너지 가능 • 다양한 진로 선택 가능	• 음악, 반려동물 생리학, 반려동물행동학, 동물질병학에 대한 다학제적 전문지식 습득 필요 • 풍부한 임상 경험 필요 • 치유효과 유도가 간접적으로 오랜 시간 필요 • 보조적 요법으로 인식되어 전문가로 특성화된 직업 창출에 노력 필요
기회(Opportunity)	**위협**(Threat)
• 반려동물 사육 인구 증가 • 대체요법에 대한 인식 증가 • 동물복지 요구 증대 • 반려동물과 보호자 상호교감 필요성 증대 • 반려동물에 대한 스트레스 감소 요구 증대 • 보호자의 반려동물 관련 학습 욕구 증대	• 펫뮤직테라피 담당 역할에 대한 제도화 필요

표 5-2 펫뮤직테라피 전문가(펫뮤직상담사)의 진로

직 장	활동 내용
펫뮤직테라피센터	펫뮤직테라피 시술 및 관리 책임자
동물행동상담센터	펫뮤직테라피 전문 스텝으로 펫아로마에 의한 반려동물의 심리 안정 유도
펫마사지센터	펫뮤직테라피 전문 스텝으로 펫마사지 효과에 펫아로마 시술을 병합하여 시너지 효과 유도
애견까페, 애견유치원	펫뮤직테라피 전문 스텝
동물병원	펫뮤직테라피 전문 스텝
유기동물보호센터	펫뮤직테라피 전문 스텝으로 유기동물의 심리 안정과 입양 희망 방문자들의 심리 안정 유도
방문관리	가정 방문하여 펫뮤직테라피 시술 및 보호자 교육
교육 강의 및 컨설팅	펫뮤직테라피에 관한 특강 및 교육 프로그램 운영. 동물병원 및 펫샵 등의 펫아로마 시설 컨설팅 업무
진학	동물매개치료 및 동물행동상담 관련 대학원 진학

II

펫뮤직테라피 실제

학습목표

1. 펫뮤직테라피 정의를 알 수 있다.
2. 펫뮤직테라피 효과를 이해할 수 있다.
3. 펫뮤직테라피의 주의점과 금기 사항을 알 수 있다.

1. 동물을 위한 뮤직테라피

사람처럼 동물들은 좋은 날과 나쁜 날을 가지게 된다. 음악으로 흥미롭고 흥분되며 기분을 좋게 할 수 있다. 펫뮤직테라피는 사람에서 음악으로 치유와 긴장 이완 효과를 제공한다. 같은 효과가 동물에서 유도될 수 있다. 동물에서 특히 하프 연주와 같은 부드러운 음에 잘 반응한다.

1) 반려동물에게 음악의 효과

- 동물병원 수의사들, 번식장 번식가들, 반려동물 주인들과 동물 행동학자들 모두 개들은 사람이 하는 것과 똑 같이 '음악의 리듬과 하모니를 느낄 수 있다'고 믿는다.
- 개들은 느리고 부드러운 음악에 긴장 이완 효과를 보이고 때대로 드럼이 들어 있는 음악과 같이 큰 소리에 혼란스러워한다.
- 북부 아일랜드 벨페스트 시에 있는 Queens 대학과 영국 에베샴 시에 있는 동물보호센터의 연구자들은 여러 연구들을 하였다.
- 또 다른 실험 결과는 음악이 시각장애인들을 위한 안내견 훈련에 도움을 주는 것을 확인하였다.
- 또한 반려동물들이 그들의 주인과 음악과 함께 부드러운 마사지 또는 귀여워 해주는 긍정적인 경험을 가졌던 동물들은 같은 상황에서 음악으로 부터 더 큰 이점을 받는다.

2) 가축에서 음악의 효과

매사추세츠 주의 멘돈 시에 있는 메이플 생츄어리 농장의 자원봉사자인 트레이시 러셀은 카시라는 이름의 소가 하프 음악을 듣고 진정 효과를 보였다고 말한다. 카시라는 소는 도살장 울타리를 뛰어 넘어 탈출한 사연이 있고, 생츄어리 농장에서 키우고 있다.

그 소는 불안 관련 여러 행동 장애를 가지고 있었는데 이제는 안전하고 안정적인 삶을 살고 있다.

러셀이 하프로 연주하는 음악을 틀어주었을 때 20분 안에 카시라는 소는 잠이 들었다.

3) 동물원에서 음악의 효과

음악은 영혼을 치유한다. 음악은 감성적이고, 영혼이 있으며, 물리적, 심리학적 특성들을 가지고 있다. 사람과 동물들은 일반적으로 가정되는 것 보다 더 많은 주요 현상들을 공유하고 있다.

고릴라는 음악에 상호 반응하는 것으로 알려져 있다.

보스턴에 있는 프랭클린 공원 동물원에서 고릴라 그룹은 슈 래이몬드의 하프 연주를 들었다. 어린 고릴라 리틀 조라 불리는 녀석은 음악을 듣다가 금방 잠에 빠졌다.

야생동물이나 가축 모두 음악에 반응하여 뮤직테라피로부터 이점들을 받을 수 있다.

4) 동물치료로서 하프 음악

다이안 쉬나이더는 'Harp of hope: animal therapy edition'이라는 책을 저술하였다. 다이안은 저술한 책에서 동물에 하프 음악이 다양한 치료 효과를 유도한다고 서술하고 있다.

> 하프 음악에서 발생하는 바이브레이션은 환자 동물들의 긴장된 근육 조직의 긴장을 이완하고 불안을 진정하고 소화를 촉진시키며, 편안한 잠을 유도하며 통증 유지에 도움을 주는 엔도르핀을 증가시키고 신체의 회복을 촉진시킨다.

2. 반려동물의 행동과 보호자 만족에 대한 여러 형태의 클래식 음악 효과

1) 반려동물에 음악이 주는 이점

> 음악은 반려동물의 불안감 감소, 스트레스 감소와 같은 많은 긍정적 효과들을 가지고 있다. 또한 음악은 동시에 사람의 감정에도 영향을 줄 수 있다.
> 연구들에 의하면 클래식 음악이 다른 종류의 음악들 보다 동물에 긴장을 완화하고 행동 문제를 감소시키는 효과가 크다고 한다.
> 고양이의 경우에 동물병원에서 기다리는 동안에 스트레스를 많이 받아 불안 행동을 보이는 경우가 많은데 음악이 불안 감소에 큰 도움을 주는 것으로 알려져 있다.

단순화된 구성과 느린 박자와 낮은 톤으로 구성된 변형 클래식 음악들이 반려동물의 스트레스 경감을 위해 상업적으로 개발되어 이용되고 있다.

> 어린이들의 의료 간호와 관련된 스트레스 감소에 대한 음악 효과는 동물병원 진료를 기다리며 스트레스를 받는 반려동물의 불안을 감소시키는 데 이용될 수 있다.
> 보호자들에 대한 클래식 음악의 긍정적 효과는 그들의 반려동물에 간접적으로 영향을 줄 수 있고 반대로 반려동물에 대한 음악의 효과가 유대감 공유을 통해 그들의 보호자에게 효과를 줄 수 있다.

어떤 음악들이 반려동물의 스트레스 경감과 긴장완화에 더 큰 도움을 줄 수 있는지 연구가 필요하며 이러한 연구들은 반려동물의 건강에 도움을 주는 펫뮤직테라피에 적용될 수 있어 매우 중요하다고 할 수 있다.

2) 동물병원서 클래식 음악의 효과 연구

한 연구에서 동물병원에 내원한 반려동물이 기다리는 대기실에 음악을 제공하지 않는 그룹과 클래식 음악을 틀어 주는 그룹, 변형된 클래식 음악을 틀어주는 그룹의 3 그룹으로 나누어 실험이 진행되었다. 또한 이들 그룹에서 반려동물의 보호자들의 만족도의 차이를 알아보고자 하였다.

(1) 연구 방법

- 동물병원에 방문한 반려동물들을 대상으로 실험이 진행되었다.
- 병원에 내원한 반려동물의 병력 청취 및 신체검사 이후에 학생들이 반려동물 보호자들에게 설문 조사를 통하여 그들의 반려동물 행동에 대한 인식과 만족도 조사를 하였다. 수의사는 별개의 설문조사를 하였다.
- 대기실에 음악을 제공하지 않는 그룹과 클래식 음악을 틀어 주는 그룹, 개발된 변형된 클래식 음악(TADE)을 틀어주는 그룹의 3 그룹으로 나누어 실험이 진행되었다.
- 음악은 미리 진료에 방해가 되지 않는 정도를 미리 정해서 데시벨 측정기를 이용하여 적정 데시벨로 음악을 틀어 주도록 했다.
- 심박수, 호흡수, 체온을 포함한 항목들을 측정하였다.

(2) 연구 결과

- 207명 동물병원 방문 보호자를 분류하여 109명의 보호자 설문조사를 하였고 그 중

88명의 반려동물을 대상자로 구분하였다.

- 13마리 고양이와 75마리 개가 연구에 포함되었다.
- 수의사에 의해 조사된 보호자 설문조사 결과 내용에서 유의한 차이는 없었다.
- 이전 동물병원 방문과 비교하여 이 번 방문에서 의사소통, 대기실 분위기, 그들의 반려동물에 대한 편안함과 행동에 대한 감각에 대한 보호자의 만족도에 유의한 차이는 없었다.
- 클래식 음악과 비교하여 개발된 변형된 클래식 음악(TADE)을 틀어준 고양이 그룹에서 공격성 정도가 유의하게 낮아졌다(z=2.56, p=0.01)
- 반려동물의 사회화 정도, 불안감, 공격성, 입마개 필요성에 대한 3그룹간의 수의사에 의한 평가 점수는 유의한 차이가 없었다.
- 음악을 틀어주지 않은 그룹과 다르게 음악을 틀어 준 개들의 경우에 공격성 정도가 유의하게 낮아졌다(p=0.055).
- 생리학적 바이오마커들의 그룹간 차이는 유의하지 않았다.
- 클래식 음악과 비교하여 개발된 변형된 클래식 음악(TADE)을 틀어준 고양이 그룹에서 수의사에 의해 평가된 공격성 정도가 유의하게 낮아졌다(z=2.56, p=0.01).
- 클래식 음악과 비교하여 개발된 변형된 클래식 음악(TADE)을 틀어준 개 그룹에서 수의사에 의해 평가된 공격성 정도가 유의하게 낮아졌다(z=1.7, p=0.09).
- 보호자들은 수의사 보다 개들의 불안 수준을 더 높게 평가하였다(t=3.27, p=0.0013). 그러나 보호자와 수의사의 평가를 비교하였을 때, 개 또는 고양이 공격성 수준의 평가 간에 보호자와 수의사의 평가에 유의한 차이는 없었다.
- 음악을 틀어주지 않은 그룹과 다르게 음악을 틀어 준 개들의 보호자들은 동물병원 내원하여 보낸 시간에 대하여 만족도가 유의하게 높았다(z=2.4, p=0.0163).
- 변형된 클래식 음악(TADE) 보다 클래식 음악을 틀어준 고양이들의 보호자들이 동물병원 내원하여 보낸 시간에 대하여 만족도가 유의하게 높았다(z=1.86, p=0.0636).
- 모든 동물들에서 음악을 틀어주지 않은 그룹과 다르게 음악을 틀어 준 동물들의 보호자들은 동물병원 내원하여 보낸 시간에 대하여 만족도가 유의하게 높았다(z=2.74, p=0.061).
- 세 그룹 사이에, 그리고 순종과 잡종, 또한 고양이와 개 사이에 동물병원 비용 지출에 대한 유의한 차이는 없었다.

(3) 고찰

- 연구에 참여한 수의사들은 음악을 즐기게 되었고 진료를 수행하면서 만족도가 향상

되었다고 말하였다.

- 음악을 틀어 준 반려동물 그룹의 보호자들은 동물병원 내원하여 보낸 시간에 대하여 만족도가 유의하게 높았으며 이러한 점으로부터 음악이 보호자들에게 진료를 기다리는 동안 유익하게 작용한다는 것을 알 수 있었다.
- 음악을 틀어주지 않은 그룹과 다르게 음악을 틀어 준 동물들에서 보호자가 평가한 공격성 정도가 더 낮았고 수의사가 평가한 공격성 정도도 더 낮은 경향이 있었다. 이러한 점들은 음악이 동물병원 진료 현장에서 반려동물의 스트레스를 줄여 주고 스트레스와 관련된 행동을 줄여 줄 수 있다는 것을 보여 준다.
- 음악의 볼륨은 미리 세팅하여 진료에 방해가 되지 않는 수준으로 데시벨을 정하여 틀어 주었다. 음악의 낮은 부분은 들리지 않을 정도로 연구에 지장을 주지 않도록 노래를 다른 음악의 데시벨 수준과 비슷한 수준으로 넣어 세팅되었다.
- 고양이의 수가 13마리로 적어 통계의 유의성 확보가 어려웠다.
- 재미있는 것은 반려동물의 보호자들이 평가한 불안 정도가 수의사들에 의해 평가된 정도 보다 높았다. 이러한 점은 반려동물의 보호자들이 그들의 반려동물들에 더 안쓰러운 마음을 가지고 있고 같은 행동이라도 더 큰 걱정으로 가지고 보기 때문에 관찰 점수에 차이가 나는 것으로 생각해 볼 수 있다.

(4) 결론

동물병원에서 클래식 음악의 효과에 대한 연구 결과, 수의사와 보호자의 만족도 상승 및 반려동물의 진정 효과와 공격성 감소 효과를 확인할 수 있었다.

동물병원에 클래식 음악을 적용하여 아래의 효과를 확인하였다. 1. 보호자들의 만족도가 유의하게 높아졌다. 2. 수의사의 진료 만족도가 상승하였다. 3. 반려동물들의 불안 정도가 유의하게 낮아졌다. 4. 반려동물의 스트레스가 감소하고 공격성이 감소되었다.

3. Kogan의 클래식과 헤비메탈 음악의 차이 연구

1) Kogan의 연구 개요

개들은 여러 이유로 보호 시설이나 관련 시설에 수용될 수 있는데, 이러한 시설의 환경은 짧은 기간이라도 수용되었을 때 심리학적으로 스트레스를 주는 환경이다. 신체나 윤리적 이유 측면 둘 다에서 지속적인 스트레스와 그로 인한 불안은 바람직하지 않다.
최근에 이러한 보호 시설과 관련 시설에서 '환경풍부화'를 위해 연구되고 있는 주제들 중의 하나가 소리 자극에 대한 연구이다.
최근 연구로 117마리의 보호 시설이나 관련 시설 개들을 대상으로 활동 정도, 짖기, 몸 흔들기와 같은 3가지 관찰 기준으로 음악의 영향을 평가하였다. 음악은 클래식, 헤비메탈, 특별히 제작된 변형된 클래식의 3가지 형태였고 대조군은 음악을 적용하지 않은 군으로 4개의 그룹이 나누어 실험이 진행되었다.
결과는 클래식 음악이 다른 형태의 음악이나 대조군에 비교하여 보호 시설 개들에게 수면 시간이 더 길고(p)0.0001) 짖는 정도가 유의하게 감소되었다(p)0.0005). 다른 형태와 비교하여 헤비 메탈 음악은 신경질적인 행동으로 분류되고 있는 신체 흔들기가 유의하게 증가되었다(p)0.0001).
이러한 결과로부터 클래식 음악은 유기동물보호 시설의 환경에서 수용된 개들에게 주변 환경에서 오는 스트레스를 줄여줄 수 있는 것으로 판단된다.

[출처] Journal of Veterinary Behavior 2012 7: 268-275

2) 유기동물보호센터 환경 개선의 필요성

여러 이유로 많은 개들이 모호 시설에 짧거나 긴 기간을 수용되어 있다. 일부 개들은 짧은 기간 시설에 계류되는 경우도 있으나 다른 경우에는 주인이 버리거나 다른 사유로 오랜 기간 시설에 계류되는 경우가 있다.

또 다른 경우는 실험동물로서 사육시설에 계류되는 경우이다.

짧은 기간이라 하더라도 사육시설은 사회적 유대가 단절되고 분리에 대한 불안과 환경에 의한 스트레스를 수용된 개들에 주게 된다.

사육 시설은 격리되어 있어 사회적 단절을 가져 오고 대부분의 수용된 개들이 급성 스트레스를 받게 된다.

사회적 단절과 격리는 개들에게 주요 스트레스 요소이고 이로 인해 신체적 및 행동학적 문제들을 유발하게 된다.

신체나 윤리적 이유 측면 둘 다에서 지속적인 스트레스와 그로 인한 불안은 바람직하지 않다.

동물에서 스트레스는 건강이나 수명에 단기간 또는 장기간 효과들을 갖는다.

최근 연구에서는 개에서 스트레스 증가하면 수명이 단축되고 피부 문제를 유발한다. 신체와 행동학적 측면에서 수의학 분야에서 동물에 대한 불안 스트레스는 동물복지에 대한 우려를 일으킨다.

보호 시설에 수용된 개들의 복지에 대한 우려와 염려와 시설 환경 개선에 대한 전략이 필요가 증가되고 있다.

3) 스트레스 평가 방법

스트레스를 평가하기 위해 첫 번째 사용되는 방법은 생리학적 평가 방법과 행동학적 관찰 방법이다. 스트레스를 평가하는 생리학적 방법들로 면역기능 측정, 심박동수, 교감신경계 활성 모니터링, 호르몬 변화 측정 등이 있다.

행동학적 평가의 방법으로는 헐떡거리는 팬팅, 짖기, 앞발 들어 올라타기, 몸 흔들기, 무의미하게 반복적으로 행동하는 정형행동, 신체 상태 저하 등의 평가 방법이 있다.

4) 환경풍부화

보호 시설에 수용 중인 개들의 복지를 향상시키기 위한 연구 중에 최근 많은 관심이 몰리는 분야는 '환경풍부화'이다.

'환경풍부화'는 사육 환경의 조정을 통하여 동물의 기능을 향상시키기 위해 고안되는 기술을 말한다.

보호 시설에 수용된 개들을 위한 '환경풍부화' 목표는 보호 시설 환경에 수용된 동물들이 적응하여 비정상적인 정형 행동을 줄이고 동물 종 자체에 특정한 행동을 표현할 수 있도록 환경을 조정하는 것을 포함하고 있다.

더 많은 집중을 받기 시작하는 환경 풍부화의 영역 중 하나는 감각 자극을 늘려 주는 것이다. 감각 자극은 환경풍부화의 한 방법으로 시각, 냄새, 청각과 같은 1개 이상의 감각을 적용하도록 한다. 그러나 이러한 시도들은 새롭고 도전적으로 연구되고 있으나 그 효과에 대한 확실한 증거들은 여전히 불분명하다.

5) 청각 자극

다양한 종류의 동물들에서 청각 자극은 감각 자극의 한 측면으로 관심이 늘어나고 있다.

음악을 듣는 것이 감정을 조정하여 행동의 변화 효과가 있다는 것이 발견되어지고 있다.

사람을 포함한 여러 연구들에서 감정 조절과 감성 조절이 음악을 활용하는 가장 큰 이유 중에 하나이다.

수많은 사람에 대한 연구들은 클래식 음악이나 이완에 도움을 주는 음악이 다양한 영역에서 이점을 준다는 것이 밝혀졌다.

(1) 음악이 주는 의료적 이점

음악이 주는 이점 중에는 불안 감소, 사회친화적 행동, 의료 치료 과정에 대한 만족도 향상, 혈압 감소와 심박동수 감소, 불편한 과정에 대한 인내력 증가, 통증 인지의 감소, 진통제 투여 필요의 감소 등의 효과가 밝혀져 있다.

(2) 음악이 주는 소비자에 대한 영향

의료적 효과 이외에도 음악은 쇼핑몰 같은 곳에서 소비자 고객이 머무는 시간을 늘려주거나 소비 지출액을 늘려주는 효과와 같이 음악은 다양한 분야에서 행동 변화에 그 효과가 입증되고 있다.

(3) 음악이 주는 동물에서의 이점

사람에서의 음악에 대한 다양한 효과 연구 결과들에 의해 사람이 아닌 동물들에서 음악의 효과에 대한 관심이 늘어나고 있다.

최근 다양한 연구들이 동물에서 음악의 효과에 대하여 연구되고 있다.

가) 클래식 음악

클래식 음악이 동물복지 향상 효과로 닭 사육 산업, 염소 사육, 아시아 코끼리 사육, 가정 반려견, 고릴라 사육에서 해당 동물들의 복지를 개선시켜 준다는 것이 확인되고 있다.

나) 컨트리 음악

클래식 음악과 다른 형태의 음악으로 소에 대한 컨트리 음악에 대한 효과, 당나귀에 대한 컨트리 음악에 대한 효과 등이 연구 되어 있다.

(4) 테라피 뮤직의 상용화

음악이 왜 동물의 스트레스를 줄여주고 행동에 변화를 주는지에 대한 정확한 이유는 아직 밝혀져 있지는 않았다. 그럼에도 불구하고 동물에 스트레스와 행동 변화에 긍정적인 영향을 주는 음악들이 개발되어 상용화되고 보급이 늘고 있다.

Wells 등(2002)은 개에 대한 음악의 효과에 대한 과학적 연구 결과를 제공하였으나 연구의 제한점이 있어 더 많은 연구들이 수행되어야 할 필요성이 있다.

6) 클래식 음악의 효과 확인

보호 시설의 개들이나 일반 가정의 개들이나 마찬가지로 다른 형태의 음악 보다 클래식 음악이 수면 유도 효과가 높았다.

베토벤의 '엘리자를 위하여', 스트라우스의 '푸른 도나우강', 바하의 'G 선상의 아리아', 헤비메탈로 모터헤드의 '에이스 오브 스테이즈', 슬래에어의 '엔젤 오브 데쓰', 쥬다스 프리스트의 '터보 러버', 상업화된 음향 심리학적으로 개발되어 판매되는 'Through a dog's ear' 음반 중 'song 1'과 비교하였을 때 클래식 베토벤의 '월광소나타'가 가장 많은 개들이 잠이 든 음악이었다.

음악의 효과들은 사람에서 흥분 감소, 수면 효과, 감정 향상 및 스트레스 경감, 불안 감소 등이 밝혀져 있다.

보호 시설의 개들이나 일반 가정의 개들이나 마찬가지로 다른 형태의 음악 보다 헤비메탈 음악이 개들의 신체를 흔드는 빈도가 높았다.

이러한 결과들로부터 헤비메탈 음악은 시설에 수용된 개들에 스트레스 수준을 높이고 불안 행동들로 짖거나 몸을 흔들거나 잠을 덜 자는 행동을 보이게 하는 것을 알 수 있었다.

반대로 클래식 음악은 시설에 수용된 개들에 안정감을 주며 스트레스 수준을 낮추어 주고 긴장 이완 효과를 준다는 것을 알 수 있다.

사람에서의 연구에서도 헤비메탈 음악은 유사한 현상을 나타내었다.

음향심리학적으로 개들에 심리적 안정을 줄 수 있도록 고안하여 개발된 상용화된 음반의 긴장 이완에 대한 효과가 본 연구에서는 그리 높지 않았다. 그 이유에 대하여는 추가 연구를 통하여 밝혀야 할 것으로 생각된다.

본 연구에서 클래식 음악이 개들의 스트레스 수준을 감소하고 결과적으로 수면시간의 증가나 불안 행동의 감소 결과를 확인할 수 있었다. 반대로 헤비메탈 음악은 불안 행동을 증가시키는 것으로 확인하였다.

이러한 연구결과는 Wells(2002)에 의한 연구 결과와 같은 결과를 확인할 수 있었다.

동물 보호 시설은 불가피하게 수용된 개들에 스트레스를 주는 요소들을 많이 가지고 있다.

이러한 열악한 환경에서 클래식 음악을 틀어 주는 것이 수용된 개들의 스트레스를 줄여 줄 수 있다면 유기동물보호 시설의 부정적인 요소들을 완충해 줄 수 있고 수용된 개들의 건강 향상과 동물복지 향상에 크게 기여할 수 있다.

클래식 음악은 또한 유기동물보호 시설에 근무하는 스텝들과 입양 희망 방문자들에게도 긍정적인 효과를 불러일으킨다.

이러한 효과는 클래식 음악이 보호 시설에 수용된 개들의 부정적 행동을 감소시키고, 근무하는 스텝들에 감정을 개선하며, 보다 친절하게 안내를 할 수 있게 하고, 입양 희망 방문자도 보호 시설이 안락한 기분에 더 좋은 감정을 가지고 입양 선택율이 더 높아질 수 있다.

사람에서의 연구 결과에 의하면 '느린 속도의 클래식 음악이 쇼핑몰의 소비자 고객들이 더 오랜 시간을 머물게 한다'는 연구 결과가 있다.

사람에서의 또 다른 연구 결과로는 '행복한 음악은 사람들이 다른 사람을 돕도록 하는 행동들에 긍정적인 영향'들을 미친다.

보육 시설에서 이러한 음악은 입양 희망 방문자들에게 긍정적인 영향을 주어 입양율이 높아지는 데 기여한다고 한다.

Humane Society of the United States는 입양의 이유 중 가장 큰 5가지 이유 중에 하나가 '생명을 구하는 것'이라고 한다.

American Humane 단체는 '반려동물이 넘쳐나 버리는 행위를 근절하기 위해서는 동물보호센터에서 입양을 하는 것이 가장 좋은 방법이다'라고 밝히고 있다.

사람에서와 같이 동물에서도 행복한 음악은 보호 시설에서 입양률을 높일 수 있다.

반대로, 헤비메탈 음악은 동물 보호센터의 동물들의 복지에 부정적인 영향을 끼치고, 시설 근무 스텝들과 입양 희망 방문자들에게도 부정적인 영향을 미친다.

사람에서의 연구에서 헤비메탈 음악은 듣는 사람에게 적의적인 감정을 증가시키고, 슬픔, 긴장, 피로감을 증가시키며 결과적으로 부적절한 행동을 하게 만들고 긴장 이완이나 활력, 머리 맑음, 돌봄과 관련된 행동에 유의한 감소를 보인다.

7) Kogan 연구로부터 얻는 결론

Kogan의 유기동물보호센터에서 클래식 음악과 헤비메탈 음악의 영향에 대한 연구 결과로부터 음악 소리 자극은 시설에 수용되어 있는 개들에 스트레스 감소와 행동에 긍정적인 변화를 유발하며 동물복지 향상에 기여한다는 것을 확인할 수 있었다.

미국수의사회의 동물복지 원칙에 따르면 동물을 입양하거나 이동해야 할 때, 사육에 관련된 과정, 관리, 돌봄이 지속적으로 평가되어져야 한다(AVMA, 2006). 보호 시설에 음악을 틀어주면 수용 중인 개들에 보다 긍정적인 환경을 만들 수 있고 상대적으로 시설 유지를 위한 비용과 수고를 경감시킬 수 있다.

그러나 음악의 유기동물 보호 시설에서의 긍정적인 이점들이 시설에서 발생하는 수용된 개들의 짖는 소리와 같은 소음들 때문에 본래 음악이 전달되기가 어려울 수 있다. 따라서 동물보호 시설에서의 연구 결과들은 실내 소음에 대한 고려가 있어야 한다.

실내 소음이 너무 높은 시설에서의 연구는 결과에 일관성이 결여될 수도 있다. 주변 소음을 최소화할 수 있는 노력이 기울여져야 음악의 효과를 제대로 평가할 수 있다. 더 높은 수준의 주변 소음을 가진 시설에서의 수용된 개들은 소리 자극에 다르게 반응할 수 있다. 주변 소음의 영향에 대하여 다양한 환경에서 수용된 개들에 대한 소리 자극에 대한 연구들이 향후 더 수행되어야 할 것이다.

Kogan 연구에서 닥스훈트 1종의 개들에 대한 소리 자극 연구라는 점이 제한점이 될 수 있다. 향후 연구에서는 다양한 품종에 대한 소리 자극에 대한 반응 차이도 비교 연구가 되어야 할 것이다. 또한 나이와 성별도 영향을 줄 수 있다. 또한 추가 연구에서 클래식 음악의 BPM이나 톤의 변화에 따른 반응 차이도 비교 연구되어야 할 것이다.

본 연구는 동물 보호시설에서 이루어졌다. 향후 연구에서는 동물병원과 같이 동물이 스트레스를 받는 환경에서 동물복지 향상에 기여하는 클래식 음악의 효과를 연구해야 할 것이다.

결론적으로, 헤비메탈 음악을 동물보호 시설에 적용하면 수용된 개들의 스트레스와 불안 수준을 높이는 것으로 추정된다.

대신에 클래식 음악은 수용된 개들의 스트레스를 줄여 주고 저비용으로 효율적인 동물복지 향상 효과를 유도할 수 있다. 클래식 음악은 수용된 개들의 스트레스를 줄여 주고 호감 있는 행동 변화를 유도하며 결과적으로 입양 확률을 높인다.

4. Pamela Fisher 박사의 펫뮤직테라피 프로젝트

파멜라 피셔(Pamela Fisher) 박사는 오하이오 주에 있는 노스 칸톤 시에서 수의사로 'Rescue Animal MP3 Project'를 수행하고 있는데, 1,100 곳 이상의 동물보호센터에서 보호하는 개와 고양이들에 음악을 적용시킨 결과 안정과 짖는 행동을 줄이는 효과를 얻었다.

피셔 박사는 전 세계 예술가들의 협조를 받아 반려동물이 좋아하는 음악을 MP3 파일로 제작하였다. 그 음악은 베토벤, 모차르트, 쇼팽의 클래식 음악과 부드러운 바람소리와 바다 소리를 바이올린이나 하프, 피아노로 연구한 음악이다.

피셔 박사는 자신의 노력으로 만든 펫테라피 뮤직을 유기동물보호센터들에 무료로 제공하고 있으며 그 효과를 확인하였다.

피셔 박사는 "나는 동물병원 진료실에 테라피 뮤직을 틀어 동물들의 안정 효과를 얻고 있으며 미국 50개 주에 걸쳐 있는 동물보호센터들에 테라피 뮤직을 제공하여 도움을 주고 있다."거 말한다.

피셔 박사는 500곳 이상의 유기동물보호센터의 연구를 통해 테라피 뮤직이 짖는 수준을 절반 정도까지 줄이고 보다 긴장이 이완되는 효과를 얻었다.

2012년에 미국의 콜로라도 주립대학의 연구 결과에 의하면, 개들은 모차르트, 베토벤을 비롯한 다른 클래식 음악들을 듣고 수면을 더 잘 자고, 짖는 정도가 줄어들었다. 반면에 헤비메탈 음악이나 변형된 클래식이나 다른 음악들에는 개들에 그러한 효과를 얻지 못하였다. 이러한 결과들은 Journal of Veterinary Behavior 학회지에 게재되었다.

5. 펫뮤직테라피 최근 연구 동향

1) 웰스 박사의 5가지 형태의 소리 자극에 대한 연구

심리학자이며 동물행동학자인 데보라 웰스(Denorah Wells) 박사는 2002년 아일랜드에서 5가지 형태의 소리 자극에 대한 연구를 수행하였다.

사람의 대화, 클래식 음악, 헤비메탈 음악, 팝 음악, 음악이 없는 그룹으로 5가지 그룹을 나누어 실험을 수행하였다.

연구결과, 유기동물보호센터에서 개들에게 다른 소리 자극에 비교하여 클래식 음악이 안정감과 공격성 감소 효과를 더 크게 유도하는 것으로 확인되었다.

이러한 결과는 클래식 음악은 소리자극의 한 형태인데, 이런 형태의 소리자극이 개들의 짖는 수준을 낮출 수 있었다.

연구결과들에 의하면 조용한 음악은 사람에서 스트레스 수준을 감소시키고 흥분을 감소시키며, 감정을 개선시켜 건강에 이로운 효과를 유도한다. 이러한 효과들은 사람에서 음악이 진정 작용을 가지고 있다고 과학적으로 증명되고 있다.

동물에서 음악이 사람과 동일한 효과들을 유도할지는 아직도 논란이 있으나 여러 연구들에 의하면 클래식 음악이 동물에서도 진정 효과를 유도하고, 수면 유도 효과, 스트레스 감소 효과를 확인할 수 있다.

> 웰스 박사의 연구결과, 유기동물보호센터에서 개들에게 다른 소리 자극에 비교하여 조용한 클래식 음악이 안정감과 공격성 감소 효과를 더 크게 유도하는 것으로 확인되었다.

[출처] Wells DL et al. The influence of auditory stimulation on the behaviour of dogs housed in a rescue shelter. Animal Welfare 2002. 11:385-393.

웰스 박사의 연구는 5가지 형태의 소리 자극의 영향에 대하여 알아보았다.
- 사람의 대화, 클래식 음악, 헤비메탈 음악, 팝 음악, 음악이 없는 대조군
- 동물보호센터에서 50 마리 개들의 행동에 대한 평가
- 1일 간격으로 1회 4시간, 5가지 형태 소리자극을 제공
- 관찰기준 : 사육장에서 개들의 위치 – 앞쪽, 뒤쪽 / 활동성 – 왔다 갔다함, 서있음, 앉아 있음, 편안히 쉼, 잠을 잠 / 소리 내는 정도 – 짖음, 조용함, 다른 소리냄
- 4시간 동안의 소리자극 적용 시, 10분 간격으로 5가지 형태 소리자극 그룹에서 각각의 관찰 기준으로 기록함
- 결과는 개들의 행동과 짖는 행동은 소리 자극에 유의하게 관련되었다.
- 다른 소리 자극들 보다 클래식 음악을 틀어준 그룹의 개들이 서있는 시간이 유의하게 적고 휴식시간이 유의하게 늘었다.
- 다른 소리 자극들 보다 헤비메탈 음악을 틀어준 그룹의 개들이 짖는 시간이 유의하게 늘었다.
- 다른 소리 자극들 보다 클래식 음악을 틀어준 그룹의 개들이 짖는 시간이 유의하게 줄고 조용한 시간은 유의하게 늘었다.
- 이러한 결과들로부터 동물보호센터의 동물들은 클래식 음악과 같은 적절한 소리 자극을 주게 되면 동물복지가 증가될 수 있다는 것을 알 수 있다.
- 클래식 음악은 동물들의 활동을 이완시켜 행동을 사람들이 바라는 쪽으로 조정하고 결과적으로 동물보호센터의 유기동물이 사람들에 호감을 갖게 되고 입양이 촉진될 수 있다.
- 이러한 클래식 음악은 동물에게만 효과를 주는 것이 아니라 동물보호센터에 방문하는 사람들에게도 작용하여 동물보호센터에 대한 좋은 선입견을 줄 수 있으며 결과적으로 입양이 촉진될 수 있다.

2) 바그너 박사의 다양한 형태의 클래식 음악에 대한 번식장과 가정에서 사육되는 개들에 대한 효과 연구

미국에서 바그너 박사는 음악이 동물에 주는 효과에 대한 연구를 보다 발전시켜 다양한 형태의 클래식 음악에 대한 번식장과 가정에서 사육되는 개들에 대한 효과를 연구하였다.

음악은 분당 비트수에 따른 오락성과 능동적 듣기와 수동적 청취에 따른 하모니 정도로 음악의 종류가 선택되고 분류되었다.

개의 뇌는 사람과 유사한 뇌파 패턴을 보인다. 그러나 개의심장 박동률은 크기에 따라 다양하다. 덩치가 큰 개일수록 심장 박동률은 낮아진다.

이 연구에서 사용된 음악의 템포는 중간 크기 개에 기초하여 정해졌다.

동물들은 사람들 보다 더 잘 들을 수 있어 소리에 민감하다. 사람의 신경계에 영향을 주는 소리와 음악에 대한 많은 연구결과들이 있으나 개와 같은 반려동물에서 같은 효과가 있는지에 대한 연구들이 필요하다.

150마리 이상의 개를 대상으로 2004년 6월에서 2005년 10월 사이에 2건의 파일럿 연구

가 수행되었다.

(1) 1번 파일럿 연구

이 연구는 번식장과 가정에서 사육되는 개들의 외부 리듬과 패턴 인지 효과를 알아보기 위해 수행되었다.

심리적 영향을 주기 위해 개발된 클래식 음악 4개 앨범의 효과를 대상 개들을 그룹으로 나누어 적용 효과를 알아보았다.

2개 앨범은 변화되는 음악 속도로 구성된 피아노 독주곡이고 2개 앨범은 변화되는 음악 속도로 구성된 피아노 3명의 합주곡이었다.

결과는 모든 클래식 음악이 개들의 행동에 같은 효과를 유도하지는 않는다는 것이었다.

번식장의 경우에 70% 이상의 개들이 분당 50-60 비트(bpm)의 독주와 3명 합주 피아노곡 둘 다에서 진정 효과를 얻을 수 있었다.

가정의 경우에 85% 이상의 개들이 분당 50-60 비트(bpm)의 독주 피아노곡에서 진정 효과를 얻을 수 있었고 그 중에 50% 이상에서 수면이 유도되었다.

번식장과 가정의 개들의 진정 효과 연구에서 클래식 음악의 악기 종류와 음악 속도가 결과에 현저한 차이를 가져올 수 있다. 오케스트라 연주나 더 복잡한 하모니를 가진 빠른 곡 보다 독주 악기와 더 느린 속도의 음악과 덜 복잡한 배열의 음악이 개들에 더 큰 진정효과를 유도하였다.

[출처] Wagner S. et al., Bioacoustic research & development canine research summary. 2004.

(2) 2번 파일럿 연구

심리적 영향을 주는 소리에 대한 개념에 따라 배열된 음악이 분리 불안, 천둥, 폭죽 등과 같은 사유로 반려견에 발생할 수 있는 불안에 대한 영향을 알아보고자 연구가 수행되었다.

1번 파일럿 연구에 따라서 단순하고 느린 피아노곡이 번식장과 가정에 사육되는 개들에 공통적으로 일관된 진정 효과 결과를 보여주었다.

많은 주인들은 반려동물이 집에 혼자 있게 될 때 라디오를 켜주는 것에 익숙하기 때문에 다른 표준 클래식 음악을 비교 연구를 위해 선택되어졌다.

2번 파일럿 연구에 불안 증상을 보이는 10마리 개들이 사용되어졌다.

불안은 다음과 같은 원인에 의한다고 밝혀졌다.

- 다른 개들 또는 어린이들

- 가정환경에 낯선 사람의 방문들
- 천둥
- 차에 태우는 것
- 애정에 대한 과도한 요구 - 주인에 올라타기
- 분리 불안
- 폭죽

> • 심리적 영향을 주기 위해 고안된 음악은 실험 대상 개들의 불안 행동들을 70% 감소시켰고 심리적 영향을 고려하지 않은 일반 음악은 실험 대상 개들의 불안 행동들을 36% 감소시켰다.
> • 심리적 영향을 주기 위해 고안되었거나 고안되지 않은 2개 음악 모두 실험 대상 개들을 진정시키고 눕게 하는 효과를 충분히 가지고 있었으나 느린 음악 속도와 더 단순하게 배열된 음을 가진 음악이 불안 감소에 더 효과적이었다.

[출처] Wagner S. et al., Bioacoustic research & development canine research summary. 2004.

3) 조슈아 리즈 박사의 BARD 연구에 대한 조언

음향 심리학자들의 관점에서 사람에 특별한 효과를 유도하는 음악과 같은 형태로 반응한다는 것은 매혹적인 일이다.

다시 말하면, 개들은 외부 리듬에 의해 사람들처럼 심박수, 뇌파 , 호흡이 영향을 받을 수 있다. 그러한 현상은 사람처럼 개들도 소리의 복잡성에 따라 또한 영향이 달라질 수 있다.

더 복잡한 음악은 사람과 동물에 더 많은 에너지를 유도하고 음악이 단순해질수록 사람과 동물에 이완반응은 더 커진다.

이러한 사실은 과민자극을 보이는 사람들이나 동물들에 음악이 불안을 감소시키는 효과를 유도할 수 있다. 자극은 일시적으로 신체적 활성을 증가시키는 것을 말한다.

알프레드 토마티스(Alfred Tomatis) 박사의 연구 결과, 높은 음은 신경계를 자극하고 낮은 음은 신경계를 이완시킨다. 귀 안쪽에 청각신경세포의 80%가 중간 및 고음 톤에 자극을 받는다. 나머지 20%의 청각세포들은 중간 및 저음에 자극을 받는다.

토마티스 박사는 우리 귀가 너무 낮은 음에 주로 적용받으면 뇌가 소리 에너지의 충분한 이점을 얻지 못하고 피로가 발생한다. 반대로 높은 음은 적절한 자극을 발생한다.

복합 연구에서 5개의 음악 CD들 중에 하나는 사람의 진정 효과를 위해 특별히 고안된 음악들로 'Through a Dog's Ear' 시리즈로 처음에는 판매된 것이다. 우리의 내부 박동이 간헐적인 리듬과 잘 조화되는 과정인 유흥은 쉽게 사람들이 리듬에 맞춰 그들의 머리를 흔들고 발을 두드리게 한다.

우리는 개들이 사람처럼 외부 리듬에 맞추어 꼬리를 흔들거나 호흡을 하는 것을 확인하지는 못하였지만 리듬의 유흥의 신체적 표출이 없더라도 내부 장기가 외부 리듬 자극에 반응하여 상호 반응하는 것을 알 수 있다.

반려동물은 주변의 소리들에 반응하고 영향을 받는다.

(1) 음향심리학(psychoacoustics)이 음향생물학(bioacoustics)를 만나다.

음향심리학(psychoacoustics)은 '소리에 의해 생성되는 감각인 청각과 의사소통의 문제를 다루는 과학의 한 분야'로 정의할 수 있다. 음향심리학은 또한 '소리에 대한 인지(cognition) 여부를 연구하는 학문'으로 정의할 수 있다.

음향심리학자들은 소리 자극은 심리와 신체에 일반적인 생각보다 더 큰 영향을 미친다고 한다. 음향심리학자들은 음악이 사람의 뇌파, 호흡, 심박동, 심리에 미치는 영향에 대하여 연구를 하고 많은 결과들을 얻고 있다.

음향생물학(bioacoustics)은 사람이 아닌 동물에서 생물학적으로 소리나 음악이 생체에 미치는 영향을 연구하는 과학의 한 분야이다. 음향생물학자들은 동물에서 음악이 동물의 뇌파, 호흡, 심박동, 심리에 미치는 영향에 대하여 연구를 하고 많은 결과들을 얻고 있다.

(2) Through a dog's ear

클래식 피아니 연구가인 리사 스펙터(Lisa Spector)는 에너지가 넘치는 아이들과 과도하게 활동적인 강아지를 위해 클래식 음악을 연주하는 동안 방 안에 강아지를 포함한 아이들이 조용해지는 것을 알 수 있었다.

얼마나 빨리 모두가 음악을 듣고 긴장이 이완되는지 그녀는 놀랐고, 조슈아 리즈(Joshua Leeds)에 전화를 걸어 개를 위한 클래식 음악을 구성하는 CD를 제작하였다. 그 당시에 사람에 대한 음악의 영향에 대한 연구들은 많았으나 개와 고양이에 대한 음악의 효과에 대한 연구는 많지 않았다.

개와 고양이에 대한 연구를 하면서 리즈 박사는 사람은 20,000 Hz까지 듣고 개는 45,000 Hz까지, 고양이는 64,000 Hz까지 듣는 것을 발견하였다.

이러한 사실은 개와 고양이가 사람보다 2~3배를 들을 수 있다는 것을 의미하지 않는다.

Tufts University 수의과대학 동물행동교정 센터 책임자이며 개 행동 연구센터 책임 과학자인 니콜라스 도드맨(Nicholas Dodman) 박사에 따르면 "개 후르라기를 생각해 보면, 우리는 그 소리를 듣지 못하지만 개는 들을 수 있다. 개가 듣는 청각 범위는 사람과 비슷한데, 다른 점은 사람 보다 높은 범위의 옥타브 소리를 들을 수 있다는 점이다."라고 말한다.

(3) Through a cat's ear

도드맨과 리즈 박사에 의하면 개와 고양이는 사람과 같이 낮고 느리고 부드러운 음악을 들을 때 진정 효과를 보인다고 한다.

실제로 점핑을 하고 과도한 활동을 하는 개에게 클래식 음악을 들려주었더니 몇 분 지나지 않아 개의 심박동은 느려지고 이완되어 점핑 행동을 보이지 않고 진정되는 모습을 보였다.

다른 실험에서도 클래식 음악을 틀어주어 개의 짖는 행동을 멈추게 하는 효과를 확인한 바 있다.

개들은 16~20 Hz의 낮은 저음(사람에서 20~70 Hz)에서 70,000~100,00 Hz의 고음(사람에서 20,000 Hz)까지도 들을 수 있다. 개는 18개 이상의 근육들의 협동으로 귀를 쫑긋거리는 등의 움직임을 할 수 있다. 개는 사람보다 더 빨리 소리를 듣고 사람이 들을 수 있는 거리의 4배나 멀리 떨어진 곳의 소리를 들을 수 있다.

4) 본 박사의 하프 음악 연구

본(Boone A) 박사의 하프 음악이 개들에 미치는 효과에 대한 연구는 아래와 같았다.

- 32 마리의 개 환자들을 3 그룹으로 나누어 60분 세션의 하프 연주 음악을 들려주는 펫 뮤직테라피를 수행하였다.
- 1군 : 8시간미만 입원한 그룹, 2군 : 8시간 이상 입원한 그룹, 3군 : 수술 후 그룹
- 관찰기준 : 불편에 대한 시각적 평가, 안절부절 못함, 불안, 호흡률
- 하프 연주 음악에 의한 적용에 의해 관찰기준 항목이 모두 감소되는 효과를 확인하였다. 반대로 하프 연주 음악을 들려주지 않은 그룹은 관찰기준 3개 항목의 감소가 확인되지 않았고 오히려 시간이 지나면서 상승되는 것을 확인하였다.
- 하프 연주 음악에 의한 적용 그룹은 대조군에 비교하여 1시간 이상 호흡수의 점진적 감소를 보여 주었다.

5) 수산 박사의 동물병원에서의 소리 효과 연구

수산(Susan O) 박사는 동물병원에서의 소리 효과에 대한 연구를 수행하였다.

소리는 동물에게 가장 중요한 주변 요소 중에 하나이며 불안을 보이거나 활동이 너무 활발한 반려동물의 병력을 청취할 때 고려되어져야 할 요소이다.

많은 보호자 주인들은 가정에서 소리의 유의성에 대하여 잘 알지 못하고 있다.

수의사들 또한 동물병원에 입원한 환자 동물들이 노출되는 소리의 중요성에 대하여 잘 알지 못한다. 수산 박사는 소리에 의한 입원 환자 동물들에 대한 효과를 연구 필요성을 제기

하였다.

6) Leicester 대학의 음악에 의한 젖소 우유 생산양 연구

Leicester 대학의 음악 연구 전문가들에 의해 수행된 연구에 의하면 젖소에 영국 모던록 밴드 Wonder Stuff의 'Size of a cow'나 비틀즈의 'Back in the USSR'를 들려주었을 때 보다 REM의 'Everybody hurts' 노래나 베토벤의 '영웅 교향곡'을 들려주었더니 우유 생산량이 증가되었다.

빠른 음악 보다 느린 음악을 들려주었을 때 1일 우유 생산량이 젖소 한 마리 당 0.73 리터까지 향상되었다.

이러한 결과는 빠른 음악 보다 느린 음악을 틀어 주었을 때 생산량이 3% 향상된 것을 말한다.

Leicester 대학 심리학과의 음악 연구 그룹의 아드리안 노스 박사와 리암 맥켄지 박사는 9주 기간을 빠른 음악, 느린 음악, 음악을 들려주지 않는 그룹으로 나누어 연구를 진행하였다.

- 연구는 농업 대학의 목장에서 아침 5시~저녁 5시까지 1일 12시간을 암소에 음악을 9주간 적용하면서 우유 생산량의 변화를 측정하였다.
- 노스 박사는 "이러한 연구결과는 단순히 특정 형태의 음악을 젖소에 들려주는 것만으로도 우유 생산량을 3%까지 늘릴 수 있다는 것을 의미한다."라고 하였다.
- 이러한 결과는 음악이 젖소에 즐거운 소리 환경에 반응하여 우유 생산량의 증가를 유도한 것으로 추정할 수 있다. 또한 느린 음악이 젖소에 스트레스를 줄여 주고 긴장 이완 효과를 유도해 결과적으로 더 많은 우유를 생산하게 하는 것으로 해석할 수 있다.
- 리암 맥켄지 박사는 "이러한 연구는 사람에 대한 음악의 효과에 대한 대학 연구를 확대하여 수행된 연구의 결과이다. 대부분의 음악 효과에 대한 이론들이 사람에 기초하고 있다. 우리는 이러한 이론이 사람 이외의 다른 동물에서도 적용되는지를 확인하고자 하였다. 연구 결과, 느린 음악이 우유 생산량을 늘리는 것으로 확인하였는데, 이는 느린 음악이 젖소에게 긴장 이완 효를 유도하는 것에 의해 결과되어진다."고 하였다.

7) 5가지 후각 자극 연구

음악에 의한 개들의 행동 변화 연구에 더하여 5가지 형태의 후각 자극에 대한 연구가 수행되었다.

- 5가지 형태 후각 자극
- 대조, 라벤더, 카모마일, 로즈마리, 페퍼민트
- 동물보호센터의 55마리 개에게 행동 변화에 대한 연구

- 1일 4시간, 2일간 휴지기 두고, 총 적용 기간 5일, 총 적용 횟수 3회, 에센셜 오일 분사해주어 각각의 향에 노출
- 연구 기간 중 1, 3, 5일에 대상 개들의 행동을 관찰 기록
- 개들의 행동은 아로마 향의 후각 자극에 영향을 받아 변화를 보였다.
- 다른 아로마 향의 냄새들 보다 카모마일과 라벤더 향에 적용된 개들이 휴식 시간이 더 길고 움직이는 시간이 감소되었다.
- 다른 아로마 향의 냄새들 보다 카모마일과 라벤더 향에 적용된 개들이 짖는 정도가 감소되었다.
- 다른 아로마 향의 냄새들 보다 로즈마리, 페퍼민트 향에 적용된 개들이 서 있거나 움직이는 시간이나 짖는 정도가 더 증가되었다.
- 이러한 결과는 동물보호센터의 개들에게 적절한 아로마 향을 제공하면 후각 자극을 제공하여 동물복지가 향상될 수 있다는 것을 알려주고 있다.
- 다른 아로마 향의 냄새들 보다 카모마일과 라벤더 아로마 향이 보다 더 진정 효과를 유도할 수 있는 데, 이들 아로마 향은 개들에 긴장 이완을 유도하고 진정 효과를 유도하여 입양 희망 동물보호센터 방문자들에 호감을 증가시키고 보다 입양률을 높일 수 있다.
- 이러한 아로마 향은 동물에게만 효과를 주는 것이 아니라 동물보호센터에 방문하는 사람들에게도 작용하여 동물보호센터에 대한 좋은 선입견을 줄 수 있으며 결과적으로 입양이 촉진될 수 있다.

- 카모마일과 라벤더 아로마 향이 보다 더 진정 효과를 유도할 수 있다.
- 아로마 향은 동물에게만 효과를 주는 것이 아니라 동물보호센터에 방문하는 사람들에게도 작용하여 동물보호센터에 대한 좋은 선입견을 줄 수 있으며 결과적으로 입양이 촉진될 수 있다.

Q&A

◎ **펫뮤직테라피(pet music therapy)란?**

펫뮤직테라피(pet music therapy)는 반려동물인 개와 고양이들에게 음악을 들려주어 반려동물에게 심리적 안정과 휴식을 제공하는 요법이다. 과학적으로 동물에 효과가 입증된 다양한 클래식 음악을 이용하여 반려동물의 심리치료, 행동 교정을 수행하는 분야가 펫뮤직테라피이다.

◎ **환경풍부화란?**

사육 환경의 조정을 통하여 동물의 기능을 향상시키기 위해 고안되는 기술을 말한다.

알아둡시다

▶ **테라피 뮤직의 이용 가능 분야**

테라피 뮤직의 대표적인 이용 분야는 다음과 같다.

① 동물보호센터에서 보호하는 개와 고양이들에 음악을 적용시켜 안정과 짖는 행동을 줄이는 효과를 얻을 수 있다.

② 동물병원 진료실에 테라피 뮤직을 틀어 동물들의 안정 효과를 얻을 수 있다.

③ 동물보호센터의 입양 희망자들에 안정감과 입양 선호도 상승으로 유기동물 입양율을 높일 수 있다.

④ 동물병원 방문 보호자들의 심리 안정으로 진료 만족도 상승 효과를 얻을 수 있다.

단원 학습 정리

1. 펫뮤직테라피(pet music therapy)는 반려동물인 개와 고양이들에게 음악을 들려주어 반려동물에게 심리적 안정과 휴식을 제공하는 요법이다.

2. 펫뮤직테라피는 펫마사지나 펫요가, 펫아로마테라피를 하면서 함께 수행하여 상호 시너지 효과를 얻을 수 있다.

3. 펫뮤직테라피는 이미 효과가 검증된 음악을 이용하여, 반려동물에게 심신의 건강이나 안정을 유도하는 기술로 펫뮤직테라피가 이용된다.

4. 펫뮤직테라피는 반려동물과 반려동물 보호자 둘 다의 스트레스를 해소하거나 심신을 휴식시키는 일도 포함할 수 있다.

5. 환경 풍부화는 사육 환경의 조정을 통하여 동물의 기능을 향상시키기 위해 고안된 기술을 말한다.

6. 개는 사람 보다 같은 음을 2배는 더 시끄럽게 들을 수 있으므로 반려견이 듣기 좋은 음은 중저음으로 구성하고 노래의 음 높이는 갑작스런 변화를 주지 않는 부드러운 노래로 구성하는 것이 적합하다.

7. 음악은 반려동물을 진정시키고, 불안을 줄여 줄 수 있으며, 스트레스를 감소하고 긴장을 이완해 주며 수면을 유도할 수 있다.

8. 펫뮤직테라피의 다양한 효과는 동물의 문제 행동을 감소시키며 동물복지 향상에 기여한다.

9. 동물병원 진료시 동물들의 안정 효과를 얻을 수 있다.

쉬어 가기

강아지에게 안정을 주는 음악치료

반려견도 사람처럼 음악이 심박동 수, 뇌파 그리고 호흡 수 등에 영향을 받는다. 이와 같은 사실은 여러 실험을 통해 증명 되었고 그 결과를 토대로 음악을 이용하면 강아지를 불안으로부터 해방 시킬 수도 있고 스트레스를 상당히 줄여줘 훨씬 편안하게 해준다고 한다.

아일랜드 출신의 동물학자인 데보라 웰스 박사는 음향 심리학의 대가로 클래식 음악은 반려견을 편안하게 해주는 반편 헤비메탈 등의 락 음악은 반려견에 피로감을 고조시키고 긴장감을 더한 것으로 보고하였다.

클래식 음악은 사람이나 강아지의 신경시스템을 편안하게 해준다고 한다. 그 이유는 음악의 형태나 패턴이 인지하기 쉽기 때문이란다. 신경 시스템이 스트레스를 받은 상태에서는 좀 느리고 단순한 음악이면 신경 시스템을 충전시키기기에 충분하다.

연구 결과에 의하면 반려견에게 가장 좋은 클래식 음악은 피아노 독주라고 한다. 그 다음으로는 소리 들림의 정도에 따라 첼로와 오보에 음악도 선택 되었다.

반려견과 동물들의 경우는 사람보다 더 많은 음역을 들을 수 있기 때문에 고음으로 들려주는 것은 좋지 않다고 한다.

클래식 음악이 반려견의 분리불안증, 스트레스 등에 많은 개선 효과를 보인다고 하니 다양한 장소에서 적용하여 반려견의 문제행동을 감소시킬 수 있고 복지를 증가시킬 수 있을 것으로 보인다.

[출처] 닥터독 블로그

1. 노나미. 요가하는 강아지, 엘컴퍼니. 2013.
2. 박동호. 애완견마사지, 일진사. 2013..
3. 한국수의해부학회. 개해부 컬러링 아트라스. 정문각. 2005.
4. 김옥진외 번역. Victoria Aspinall, Melanie Cappello. 동물해부생리학개론. 법문에듀케이션. 2009.
5. 김옥진. 인간과 동물. 동일출판사. 2014.
6. 김옥진 번역. 동물매개치료-CTAC 방법: 개를 활용한 중재활동 기법과 프로그램. 문운당. 2015.
7. 김옥진, 손민우, 오홍근, 박철, 임세라, 김현주. 동물행동상담학. 동일출판사. 2014.
8. 김옥진, 박희명, 정태호. 동물복지학. 문운당. 2013.
9. 반려동물행동학. 김병수, 김옥진, 마영남, 박우대, 이형석, 하윤철, 황인수, 최인학. 2012. 동일출판사.
10. 오홍근. 아로마테라피 핸드북. 2003.
11. 石野 孝, 相澤 まな. 치유하고 치유 받는 고양이 마사지, 단츄별. 2013.
12. Francesca Gould, 홀리스틱 테라피스트를 위한 아로마테라피. 2005.
13. Fox, M. W. The Healing Touch For Cats. New market Press. 2004.
14. Hourdebaigt, J. P. Canine Massage, Dog wise publishing. 2003.
15. MaryJean, B. Dog Massage, Topeka Bindery. 2001. Wells DL et al. The influence of auditory stimulation on the behaviour of dogs housed in a rescue shelter. Animal Welfare 2002. 11:385-393.
16. Wagner S. et al., Bioacoustic research & development canine research summary. 2004.
17. Okjin Kim, Sunhwa Hong, Hyun-A Lee, Yung-Ho Chung, Si-Jong Lee. 2015. Animal Assisted Intervention for Rehabilitation therapy and Psychotherapy. In: Marcelo Saad (ed.). Complementary Therapies for the Body, Mind and Soul. 1st ed. InTech, Rijeka, Croatia.
18. http://www.equissage.com/request_canine.htm
19. http://animalcareers.about.com/od/Careers/a/Animal-Massage-Therapist.htm
20. http://www.petmd.com/cat/wellness/evr_ct_hollistic_medicine_and_how_it_can_help_your_pet
21. http://www.pethealthandtherapy.com/
22. http://www.canine-hydrotherapy.org/
23. http://www.webvet.com/main/2008/05/06/music-therapy-dogs
24. http://dogtime.com/dog-health/general/21223-music-therapy-for-dogs-and-cats
25. Martin Goldstein. The Nature of Animal Healing : The Definitive Holistic Medicine Guide to Caring for Your Dog and Cat. 2000.
26. Martin Zucker. Veterinarians Guide to Natural Remedies for Dogs: Safe and Effective

Alternative Treatments and Healing Techniques from the Nations Top Holistic Veterinarians. 2000.
27. Narda G. Robinson, Shelley Sheets. Canine Medical Massage: Techniques and Clinical Applications. 2015.
28. C. Sue Furman. Canine Massage for the Athlete in Every Dog Perfect. 2013.
29. Michael W. Fox. Healing Touch for Dogs: The Proven Massage Program. 2004.
30. Julia Robertson. The Complete Dog Massage Manual: Gentle Dog Care. 2010.
31. Jean-Pierre Hourdebaigt. Canine Massage: A Complete Reference Manual. 2003.
32. Amy Snow. Acu-Dog: A Guide to Canine Acupressure. 2011.
33. Nancy Zidonis. Acu-Cat: A Guide to Feline Acupressure, 2nd Edition Perfect Paperback. 2013.
34. Susan E. Davis PT. Physical Therapy and Rehabilitation for Animals: A Guide for the Consumer: Help your Pet Overcome Disability, Maximize Recovery and Prevent Injury. 2013.
35. Dan Borris. Yoga Dogs. 2011.
37. Mahny Djahanguiri. Doga: Yoga for you and your Dog. 2015.
37. Lisa Recchione. Doga: Yoga for You and Your Dog. 2014.
38. Emily Wong. Swim to Recovery: Canine Hydrotherapy Healing (Gentle Dog Care). 2012.
39. Joshua Leeds. Through a Dog's Ear: Using Sound to Improve the Health & Behavior of Your Canine Companion. 2008.
40. Janet Marlow. The Magic of Music for Pets. 2007.
41. Kristen Leigh Bell. Holistic Aromatherapy for Animals: A Comprehensive Guide to the Use of Essential Oils & Hydrosols with Animals. 2002.

저자약력 profile

저　자 | 김옥진

서울대학교 수의과대학 대학원 졸업/수의학박사

前 미국 농무부 동물질병연구소 해외연구과학자

前 서울대학교 의과대학 연구교수

現 원광대학교 동물자원개발연구센터 센터장

現 한국동물매개심리치료학회 회장

現 원광대학교 보건보완의학대학원 동물매개심리치료학과 학과장

저　자 | 홍선화

원광대학교 생명자원과학대학 대학원 졸업/농학박사

前 원광대학교 동물자원개발연구센터 연구교수

前 서울호서전문학교 애완동물학부 외래 교수

前 한국폴리텍대학 생명의약분석과 외래 교수

現 원광대학교 생명환경학부 동물매개치료학 전공 외래 교수

現 서울종합예술실용학교 애완동물계열 전임교수

現 반려동물 헬스케어 아카데미 대표

저　자 | 박미연

現 펫헬스케어센터 대표

現 반려동물 헬스케어 아카데미 펫아로마테라피 강사

펫헬스테라피

발　　행 / 2023년 9월 12일

저　　자 / 김옥진, 홍선화, 박미연

펴 낸 이 / 정 창 희

펴 낸 곳 / 동일출판사

주　　소 / 서울시 강서구 곰달래로31길7 (2층)

전　　화 / (02) 2608-8250

팩　　스 / (02) 2608-8265

등록번호 / 109-90-92166

ISBN 978-89-381-1183-8 93490

값 / 12,000원